Bien dans mon âge

À Yvette Narquin-Le Du, Françoise Bardy-Narquin,
Corentine Le Du-Sinou et Marcelle Narquin-Loisy.

Direction éditoriale
Thierry Billard

Coordination éditoriale
Olivia Karam

Textes additionnels
Laurence Caracalla

Création graphique
Noémie Levain

Fabrication
Louisa Hanifi

Photogravure
Bussière, Paris

ISBN : 9782081386051
Dépôt légal : Septembre 2016

Roselyne Bachelot

Bien dans mon âge

Photographies
Félicien Delorme

Illustrations
Guillaume Reynard

Flammarion

Sommaire

ÉLOGE DE LA FOLIE

Quand, en mai 2012, j'ai traversé la cour de l'Élysée à l'issue de mon dernier Conseil des ministres, j'ai pensé sans une once de regret : la vie m'attend ! Les observateurs, journalistes ou politiques, croyaient que j'allais me terrer chez moi, mon chat sur les genoux, à regarder « Questions pour un champion ». Que nenni ! La stupéfaction, parfois même l'indignation, ont accompagné une reconversion dans le monde des médias qui paraissait impossible à la soixantaine bien sonnée.

J'ai cherché les raisons de ces commentaires malveillants. Une bonne dose de machisme et de jalousie ? Certainement. Quand on a pris l'habitude de vous cogner dessus pendant trente ans, la méchanceté ne s'arrête pas du jour au lendemain. Pour autant, ce processus de relégation sociale ne touche pas seulement les femmes politiques mais, peu ou prou, chacune d'entre nous. Pire, nous sommes souvent les complices de cette relégation en nous imposant nous-mêmes des interdictions ou des restrictions à nos désirs, à nos envies et même à nos extravagances.

Le monde change. L'espérance de vie augmente d'un trimestre tous les ans et les centenaires sont légion. La recherche entrouvre des perspectives ahurissantes en ce domaine. Les progrès de la médecine et des technologies du bien-être nous maintiennent non seulement en vie mais en forme. Faites cette expérience : vous avez forcément chez vous une vieille caisse remplie de photos de famille que vous vous êtes promis de trier. Jetez un coup d'œil sur les portraits de vos grands-mères sexagénaires : le plus souvent de vieilles dames de noir vêtues, sans maquillage, ayant renoncé à toute séduction. Plus rien de cela aujourd'hui. J'enrage alors de voir des femmes magnifiques vivre cet anniversaire des soixante ans comme une catastrophe.

Au-delà de l'amélioration, toutes sortes d'opportunités s'offrent à nous. Même si nous avons cessé toute activité professionnelle, le développement de l'économie collaborative permet de valoriser nos savoir-faire et les besoins du secteur social et solidaire nous donnent l'occasion de déployer nos talents.

Les seniors sont les plus épargnées par la grande pauvreté. On peut d'ailleurs le regretter mais ceci est un autre débat. De plus, nous bénéficions d'une relative sécurité de nos revenus, ce qui n'est plus le cas de nos enfants et petits-enfants qui souffrent de la précarité et du chômage. Comme nous constituons la première force électorale du pays, les collectivités locales et les administrations publiques se battent pour nous séduire et ne sont pas en reste pour nous offrir toutes sortes d'opportunités à prix réduits : cours, voyages, activités ludiques et culturelles, etc.

L'anniversaire de nos soixante ans peut donc, si nous le décidons, ouvrir un quart de siècle marqué par la liberté, l'accomplissement de soi, l'ouverture aux autres.

J'ai eu la chance d'avoir une existence trépidante, excitante, d'approcher des personnalités remarquables. Mais ce ne sont pas elles qui m'ont le plus impressionnée. Dans les permanences d'élue locale, le travail de ministre avec les acteurs du terrain, la pharmacie, les activités associatives, mon métier de chroniqueuse à la télévision et à la radio, j'ai rencontré des femmes qui ont su se remettre en question, tout changer, tout risquer. Elles donnent de sacrées leçons de vie : Nadia et sa Brigade des mères, Bambi et sa volonté de trouver sa vraie identité sexuelle, Maudy qui met son handicap en bannière contre les discriminations, Arlette qui passe son permis de conduire à plus de 70 ans, Fatima et ses défilés de couture pour ses copines atteintes de cancer, Colette qui soutient son doctorat à 90 ans, et toutes celles qui ont décidé de vivre chaque minute comme si elle était la dernière. En travaillant, en riant ensemble, nous avons échangé sur des choses très sérieuses, mais aussi sur les secrets, les trucs, les recettes qui nous permettaient de surmonter nos peines et nos doutes. C'est cela que j'ai voulu partager ici avec vous.

Vous penserez peut-être que vous ne voulez rien changer et vous aurez sans doute raison. Ne lisez pas ce livre comme une leçon sentencieuse, un guide de bonnes manières ou l'arbitrage des élégances. Vous sourirez, vous grappillerez ici ou là une astuce, vous vous indignerez de mes conseils et nous pourrons alors échanger et même nous escagasser.

Chaque fois que je rencontre un acteur de mon ancienne existence de femme politique, il ne s'écoule pas plus de quelques minutes avant que celui-ci ne me dise dans un soupir : « En tout cas, tu as l'air de bien t'amuser... » C'est ce que je vous propose : bien nous amuser, croquer dans la vie comme dans un fruit et que le suc coule le long de notre bouche.

UN PRÉALABLE : ÉTABLIR LA LISTE DE MES ENVIES

Une de mes copines de pension m'avait demandé rendez-vous pour me taxer de lots destinés à une vente de charité. Plus bon chic, bon genre, impossible ! Un pur produit de Sainte-Agnès, l'institution catho où nous avions passé notre bac : jupe plissée écossaise, twin-set et collier de perles. Un conjoint ennuyeux comme la lecture du Bottin et une maison triste comme un jour sans pain. Quelle ne fut pas ma stupéfaction de la voir arriver en pantalon de cuir, les cheveux dans le vent, au volant d'une petite décapotable rouge ! Devant mon air ahuri, elle m'avoua avoir appris que Hubert, son mari, entretenait une liaison depuis dix ans. « Tu ne peux pas savoir comme je me suis sentie conne et humiliée. Le tromper à mon tour, non (un silence) ou du moins pas encore ! Mais j'ai décidé de me faire plaisir et d'être égoïste. Tu ne peux pas savoir le bien que ça fait. » Même si vous êtes absolument sûre de l'attachement indéfectible de votre chéri(e), la leçon est à méditer.

Bon, on démarre. Si vous ne l'avez déjà fait, lisez le délicieux livre de Grégoire Delacourt *La Liste de mes envies*. L'héroïne – qui gagne à l'Euro Millions – décide de ne rien changer à sa vie mais établit la « liste de ses envies », très souvent des choses toutes simples de la vie ordinaire.

* Alors, prenez une journée pour vous, avec un crayon et un joli carnet que vous garderez précieusement.

* Plongez d'abord dans votre agenda et donnez une note « plaisir » et une note « obligation » à tous les éléments récurrents de votre emploi du temps. C'est fou le temps qu'on passe à effectuer par habitude des corvées dont on pourrait aisément se débarrasser.

* Feuilletez votre carnet d'adresses. Incroyable le nombre d'emmerdeurs qui s'incrustent dans notre existence et les amis sympathiques et marrants qu'on a laissés sur le bord du chemin.

* Visitez votre domicile comme si vous deviez le mettre en vente ou en promouvoir la décoration pour un magazine. Stupéfiant les cadeaux horribles, les livres qu'on ne lira jamais, les vêtements qu'on ne portera plus qui encombrent nos étagères et nos placards. Nous finissons par ne plus les voir mais ils nous engluent, tels des fils invisibles, dans le train-train des habitudes.

* Et puis, sans rien vous refuser, faites la liste de vos rêves, de tout ce que vous auriez aimé faire et que vous vous êtes refusé par conformisme, peur du qu'en-dira-t-on, force de l'habitude, manque de temps ou d'argent. Cela peut aller d'une chose très simple à un fantasme totalement fou. C'est quand nous avons

formalisé nos désirs que nous trouvons en nous-mêmes la force de les réaliser. Confondant aussi de constater que nous sommes passées tout au long de notre existence à côté de folies finalement tout à fait réalisables.

* Cette liste de vos envies, vous la reprendrez à intervalles réguliers pour faire le point. Décidément, il n'y a plus de temps à perdre. S'amuser est une ardente obligation !

Au bonheur de la mode

1

VIDER SES PLACARDS

Mon grand-père maternel était tailleur et ma mère avait hérité de lui la folie du beau vêtement. Persuadée que rien ne donnait plus de force que d'être bien habillé(e), elle a toujours voulu que je sois magnifiquement vêtue. Tout comptait : la coupe, la souplesse du tissu, l'harmonie des couleurs, les accessoires. Certaines robes de ma vie de jeune fille demeurent d'ailleurs dans ma mémoire. Comme la robe rose à bords blancs que je portais à ma première surprise-partie (aujourd'hui, les jeunes appellent cela une « teuf » !) qui fait que le rose est resté ma couleur fétiche.

Du côté de mon père, ma grand-mère, agricultrice nivernaise, faisait peu de cas des diktats des couturiers. Ce qui comptait, c'était la solidité et l'aspect passe-partout. Elle achetait un manteau tous les dix ans, qu'elle portait pour aller à la messe et pour les cérémonies, remplaçant l'ancien, alors relégué au rang « de tous les jours ». Sa phrase culte pour s'habiller m'est restée gravée : « Je n'ai pas assez d'argent pour acheter bon marché ! »

On ne peut imaginer deux lignées aussi disparates, l'une empreinte de chic et de folie, l'autre d'économie et de sérieux. Je crois bien n'avoir jamais pu vraiment trancher et je suis passée alternativement par des phases style oiseau de paradis – qui ont réjoui les journalistes –, et des périodes monacales qui inquiétaient mes proches. Je reste persuadée que l'on ne prend pas assez au sérieux la question du vêtement. Michel Tournier assurait qu'il est l'âme humaine puisque l'animal est nu. « Si c'est un homme », il se révèle par sa vêture. Mais la façon de s'habiller nous change et certains ont pu dire, par exemple, que le jean était un comportement, pas un vêtement...

Plusieurs chapitres de ce livre seront donc consacrés à la fripe, à la fringue, à la sape ! Une sexa+ a derrière elle un demi-siècle d'âge adulte pendant lequel elle a accumulé un stock vertigineux et souvent envahissant. Pour peu qu'elle soit un tant soit peu soigneuse, elle possède des modèles impeccables, conservés au nom du « on ne sait jamais », locution qui signifie en fait : « on ne les portera jamais plus ».

Opération drastique de déblaiement

Inutile de se raconter des histoires : à morphologie inchangée, tout vêtement qui n'a pas été porté depuis trois ans ne le sera jamais plus. Ne rêvez pas non plus de perdre dix kilos pour rentrer dans la ravissante toilette qui vous plaisait au réveillon de l'an 2000 ! C'est impossible. Vous allez donc vider vos placards sans pitié et donner, sans barguigner, à des œuvres caritatives.

> Si vous faites partie des privilégiées qui possèdent des tenues vintage de grands couturiers et de prêt-à-porter haut de gamme, le site Vestiaire Collective propose un service VIP qui se charge de vider votre dressing, vip@vestiairecollective.com.
> Sinon, les vieux vêtements n'ont quasiment aucune valeur marchande : ne perdez pas de temps à tenter de les revendre dans des dépôts-vente ou sur eBay, mais pensez à les donner. Des associations humanitaires comme le secours populaire (www.secourspopulaire.fr), Emmaüs (www.emmaus-France.org) ou la Croix-Rouge française (www.croix-rouge.fr) possèdent des boutiques dont vous trouverez les adresses sur Internet. Enfin, de nombreux conteneurs sont à votre disposition : Le Relais (www.lerelais.org), Ecotextile (www.ecotextile.tm.fr) : pensez-y !

* Tout ce qui est peausserie, chaussures et sacs, vieillit mal : à donner également. Pour les accessoires de grandes maisons comme Hermès qui gardent une certaine cote, le bon plan est de se renseigner auprès d'études de commissaires-priseurs qui organisent des ventes dédiées à ce type d'objets, à condition qu'ils soient en parfait état.

* Cela va vous faire mal, mais tant pis, il convient de trancher dans le vif : plus jamais de manteau de fourrure non plus ! D'abord, parce que c'est dangereux : vous risquez de vous faire agresser par un intégriste du mouvement PETA – People for the Ethical Treatment of Animals – qui défend les droits des animaux. Ensuite et surtout, parce que rien ne fait plus ringard... Le pire est le manteau d'astrakan qui vous donne le look de Marie Besnard, l'empoisonneuse de Loudun. Si cela vous fait mal au cœur de donner ce qui a été – peut-être – un fantasme absolu, transformez la fourrure en doublure d'imperméable, faites-en des coussins, un plaid ou un dessus-de-lit !

> Devant chaque vêtement, posez-vous surtout la question : me met-il en valeur ? Dégage-t-il ce que je veux montrer ou ce que je veux cacher ? Cette opération de grand déblaiement doit être l'occasion de se remettre en question, sans masochisme ni concession, afin de vous alléger et de vous porter vers l'avenir.

* Procéder à ce tri peut devenir l'occasion de retrouver quelques belles pièces oubliées : ces rares pépites seront le lot de consolation d'un parcours parfois un peu rude mais indispensable.

LES INTERDITS ET LES INDISPENSABLES

Une vendeuse de prêt-à-porter tentait, un jour, de me fourguer une robe qui me faisait ressembler à Tatie Danielle. Devant mes réticences, elle crut emporter l'affaire en déclarant doctement : « Vous ne le regretterez pas : c'est un fond de garde-robe ! » J'ai reposé prestement sur le portant la pièce qui serait en effet certainement restée dans ma garde-robe... mais tout au fond.
Le vestiaire de la sexa+ doit ainsi éviter ce qui fait vieux tout en refusant... ce qui fait jeune. Sobriété et intemporalité transcendent ce paradoxe, avec de temps en temps un petit coup de folie maîtrisée. Le dandy anglais George Bryan Brummell rétorquait à un admirateur qui le félicitait pour son élégance : « Je ne suis pas élégant puisque vous l'avez remarqué. » Phrase à méditer.
La séduction vestimentaire ne passe plus, pour nous, par la mise en scène ou l'exhibition mais par la transmission subliminale de sensations de sérénité, de bien-être qui peuvent aller jusqu'à la volupté, expression parfaite de la sensualité éloignée de toute vulgarité.

Faisons-nous plaisir avec *Moesta et Errabunda* de Charles Baudelaire :

> *Comme vous êtes loin, paradis parfumé,*
> *Où sous un clair azur tout n'est qu'amour et joie,*
> *Où tout ce que l'on aime est digne d'être aimé,*
> *Où dans la volupté pure le cœur se noie !*

* Nous n'allons pas nous mentir : oui, il y a des interdits. Ceux-ci ne sont pas liés à quelque guide des convenances ou à une pression sociale dont nous n'avons que faire. Tout simplement, il suffit d'évaluer nos atouts et nos zones de fragilité.

> Plusieurs points chez nous résistent à la gymnastique, aux cosmétiques et à la chirurgie esthétique : les mains, le décolleté et le haut des cuisses. Ajoutons-y, dans une moindre mesure, le dessous des bras. Je ne fais pas l'impasse sur le ventre inévitablement rebondi, même si nous n'avons pas assumé de maternité et respectons une discipline sportive sans défaut. À partir de ce constat implacable, la balle est dans notre camp.

* Oublions la mini-jupe. Mais, pour autant, si vous avez de jolies jambes (inexcusable de garder des varices), ne vous privez pas de les montrer jusqu'au dessus du genou, en évitant le collant beige qui fait penser à des bas de contention.

* Exit les décolletés profonds qui révèlent une peau immanquablement fripée et parfois tachée. Coup de chance, comme les jambes, les épaules ne vieillissent pas ! À nous les décolletés « bateau » ou les échancrures sur le haut des bras popularisées par la styliste américaine Donna Karan.

* Préférons les robes avec de petites emmanchures à celles qui découvrent les épaules. L'interdit est là moins franc et on peut jouer habilement d'une étole.

* Pourquoi pas des formes moulantes... mais elles exigeront l'aide d'une lingerie complice.

Rondes, et alors ?

Ne nous voilons pas la face : il est bien plus facile de trouver le bon pantalon en taille 36 qu'en 44. Que de femmes rondes hésitent à franchir une boutique, de peur de s'entendre dire par une vendeuse *bienveillante* : « Désolée, nous n'avons pas votre taille ». Passons. Aujourd'hui, de grandes marques ont compris que le XXS n'était pas la norme. Beaucoup proposent donc de très jolis vêtements destinés aux plus rondes : fini le temps où l'on n'avait pas d'autre choix que de s'habiller comme sa grand-mère !

- À n'en pas douter, la marque la plus stylée est bien Marina Rinaldi, la ligne taille 42 à 58 de Max Mara. Son concept n'est pas de camoufler mais bien de mettre les formes en valeur. Marina Rinaldi se situe dans la catégorie du prêt-à-porter haut de gamme avec les prix « qui vont avec » et présente un ensemble complet de modèles, soirée, ville et sport, et toute une gamme d'accessoires, bijoux et chaussures. Vous y trouverez en particulier les sublimes manteaux qui ont fait le renom de Max Mara. Clin d'œil : Marina Rinaldi est le nom de la grand-mère d'Achille Maramotti, le créateur de Max Mara…
- Chez H & M : certains magasins de la chaîne suédoise proposent des articles allant jusqu'au 54. Pas chers et tendance. Une bonne adresse.
- Mango : la fameuse marque espagnole présente elle aussi des vêtements allant du 40 au 54.
- Marks&Spencer
- Et sur Internet : www.asos.fr, www.boohoo.com ou www.laredoute.fr
- Pour la lingerie : www.rondementjolie.com, www.fitancy.fr et www.sanscomplexe.com

L'élégance est une façon de se mouvoir. C'est aussi savoir s'adapter à toutes les circonstances de sa vie. Sans élégance de cœur, il n'y a pas d'élégance.

Yves Saint Laurent

Quelques trucs ab-so-lu-ment rédhibitoires

→ Le protège-pluie plissé noué sous le menton.

→ Le faux tailleur Chanel avec un chemisier à col cravate (sauf à dépareiller, la veste avec un jean, la jupe avec un blouson).

→ Les mi-bas (visibles) sous une jupe, immortalisés par l'épouse d'un ancien président de la République.

→ Le foulard style Hermès noué sous le menton… à moins d'être invitée pour un week-end à Balmoral par la reine Élisabeth.

→ Le pantalon qui découvre le nombril.

→ Le cardigan tricoté main en laine mouchetée.

→ Le twin-set sur une jupe plissée écossaise.

→ La robe de chambre en laine des Pyrénées (avec des patins à carreaux, c'est la totale…).

Je reviendrai sur les « interdits » qui concernent les bijoux ou les chaussures dans des chapitres dédiés mais, d'ores et déjà, vous pouvez continuer l'opération de déblaiement de vos placards !

S'il y a des interdits, il existe aussi des indispensables, ou du moins des pièces très utiles. Pour ces « must », jouez la qualité car vous pourrez les porter pendant des années. De plus, du classique trop bas de gamme peut faire « cheap » et nous ne pouvons plus nous le permettre. La liste en est courte :

→ Le manteau camel croisé immortalisé par le modèle 101801 de Max Mara, vingt ans déjà et pas une ride.

→ Le smoking noir immortalisé, lui, par Yves Saint Laurent : de nombreuses marques proposent des modèles abordables.

→ Un jean brut en évitant les formes taille basse et le « flare » (avec le bas très évasé) qui tasse s'il n'est pas porté avec des talons hauts. Le jean, notre ami pour la vie, que trop de sexa+ se refusent pourtant d'adopter...

→ Une veste en Harris tweed, de coupe un peu appuyée.

→ Un jean blanc.

→ Un blazer marine.

→ De belles chemises style « homme » en popeline blanche... à porter avec le bouton de col fermé uniquement si vous avez un cou de cygne.

Tous ces intemporels se mélangent. Vous pouvez, par exemple, parfaitement désacraliser la veste de votre smoking avec un jean. Je vous garantis qu'avec ces quelques pièces, si elles sont de bonne qualité, vous pourrez affronter une décennie de rendez-vous galants et/ou professionnels, été comme hiver, ville ou campagne ! Cela écrit, rassurez-vous : je ne conseille pas la diète de fringues, tant en acheter est délicieux. Comme le disait le Sganarelle de Don Juan, un habit nous donne de l'esprit...

Une femme avec de belles chaussures n'est jamais laide !

Coco Chanel

LES CHAUSSURES

Souvenir de mon premier boulot. J'avais rendez-vous à huit heures en banlieue parisienne avec le chef de notre équipe et il convenait de faire bonne impression. Habillée dans le style working-girl, j'avais tiré une sérieuse traite sur ma première paie en achetant une paire de talons sublimes. Cavalcade en métro de Montparnasse à la gare du Nord, puis en train jusqu'à Enghien-les-Bains. Résultat, j'arrive pantelante devant mon patron, les pieds en feu et mes chaussures à la main. Dix ans après, il en riait encore...

J'ai acquis ce jour-là la conviction que les stilletos étaient réservés aux femmes oisives ou très riches. Et dire que Carine Roitfeld, la grande prêtresse de la mode, assure que les chaussures à talons donnent du pouvoir. Celle-là doit quitter une voiture avec chauffeur pour monter dans un ascenseur !

Quand vous interrogez des copines pour connaître le pire souvenir de leur mariage, elles ne vous parlent ni de la tronche constipée de leur belle-mère, ni de la crème écœurante de la pièce montée. Non, un cri jaillit toujours : « Incroyable ce que j'ai eu mal aux pieds dans mes chaussures neuves ! »

Il est souvent intéressant d'analyser les proverbes et les formules imagées. Quand vous trouvez quelque chose ou quelqu'un qui vous convient vraiment, que ce soit un homme ou un appartement, vous pensez : j'ai trouvé chaussure à mon pied ! Décidément, le bonheur de tous les jours est vraiment d'être bien dans ses souliers.

Les talons : catastrophe de santé publique

J'aurais pu intégrer ce paragraphe au chapitre santé… d'ailleurs, ces quelques lignes ne sont qu'un « pour mémoire » dont vous ne tiendrez aucun compte ! Car vous connaissez toutes ce désastre et continuerez à vous jucher sur des échasses parce que c'est sexy, ça donne de belles fesses, ça grandit, etc. Mais je me dois de rappeler les faits.

> Une récente étude parue dans le *Washington Post* révèle qu'aux États-Unis, 3,5 milliards de dollars sont consacrés par an à la chirurgie réparatrice des pieds de femmes dévastés par le port de chaussures à talons.

* Regardons ce qui se passe quand on glisse ses délicats orteils dans ce type de brodequins. Le pied glisse vers l'avant, le dos se creuse, la hanche est en hyper-extension, le genou se fléchit, la pression augmente entre la rotule et le fémur, le mollet se rétracte et la pression sur la pointe du pied augmente de 50 % avec un talon de 5 cm et de 75 % pour 7 cm. Plus de 90 % des porteuses régulières de hauts talons enregistrent donc des dommages au niveau du pied lui-même avec des douleurs appelées métatarsalgies, des arthropathies dégénératives, des ongles incarnés, des cors et des durillons, l'aggravation d'un hallux valgus. Si, de plus, la chaussure est étroite, l'épaississement des tissus compresse le nerf entre le troisième et le quatrième orteil, causant les douleurs intolérables du névrome de Morton. Au niveau de la cheville et de la rotule, les tendinites sont monnaie courante et les lombalgies inévitables puisque le dos est creusé de manière anormale. Le raccourcissement du mollet, quant à lui, entraîne des douleurs vives quand on marche pieds nus ou avec des sandales.

* Après 60 ans, les problèmes d'arthrose – en particulier de la hanche – vont poser une contre-indication au port de souliers hauts. De plus, des dysfonctionnements de l'oreille interne ou des traitements médicamenteux, tels certains hypertenseurs, entraînent souvent des difficultés d'équilibre et les risques de chute sont ainsi considérablement majorés.

* Enfin, l'atrophie de la musculature jambière causée à terme par le port réitéré de talons hauts donne des jambes en « mollet de coq », de celles qu'on retrouve dans les dessins de vieilles dames croquées par Jacques Faizant ou Jean Bellus.

> En bref, les chaussures hautes commencent en catastrophe sanitaire et finissent en désastre esthétique. Bingo !

* Mais soyons objectifs : parfois, elles sont bénéfiques – pas souvent. Les talons soulagent les tendinites du talon d'Achille, les aponévrosites du pied ou l'arthrose de la cheville. En cas de pieds plats, ils améliorent la cambrure et diminuent la douleur. Pour celles qui les ont portés pendant près de quarante ans, les perturbations irréversibles causées par l'atrophie du mollet contraignent parfois à leur port continu.

La chaussure idéale

Après ce procès en règle, on pourrait penser que la ballerine ou les chaussures à plateforme sont sans danger. Il n'en est rien. La première par son absence de talon cause des inflammations et des fractures, la seconde des dorsalgies.

> La chaussure idéale est donc une chaussure avec un talon stable de 4 à 5 cm suffisamment large pour ne pas compresser les orteils et tenant le pied pour éviter les entorses.

* Comme Jackie Kennedy et Christine Lagarde ont popularisé le modèle Vara de la maison Ferragamo, si vous n'aviez qu'une paire de souliers, celui-ci est parfait. Il va avec une jupe ou un pantalon, une robe du soir ou un jean. Il convient aux grandes comme aux petites, aux rondes comme aux minces. Celui du chausseur italien est certes coûteux, mais il est increvable et peut constituer un investissement que vous ne regretterez pas. Mais vous trouverez des chaussures similaires, plus accessibles, chez Carel, Charles Kammer ou Salamander.

Jeter mes stilletos ou les donner ?

Non, non et non ! Gardez-les. Vous les porterez pour un dîner ou une soirée, à condition de vous y rendre en voiture. Abandonnez-les dans votre armoire si vous assistez à une réception debout, genre cocktail ou, pire encore, un mariage ou une garden-party : les talons s'enfoncent dans la pelouse, vous contraignant à marcher sur la pointe des pieds...

* Vous pouvez également adopter la stratégie des Américaines qui les glissent dans leur sac à main et marchent dans la rue en tailleur ultra-chic, runnings aux pieds.

* Avec le pantalon type « flare » qui couvre le soulier, des talons de 7 à 8 cm allongent certes la silhouette, mais doivent être portés avec parcimonie, au maximum une fois par semaine. Comme ils seront cachés, évitez les talons aiguilles et adoptez des talons larges et épais pour plus de stabilité.

Dernier conseil pour la route

Plus que tout autre élément vestimentaire, les chaussures ne supportent ni la médiocrité, ni le manque d'entretien. La plus belle fille du monde avec des chaussures éculées ressemblera à une souillon. *A contrario*, une petite robette de quatre sous, portée avec de beaux souliers de marque, semblera sortir d'un grand couturier. Conclusion : le cirage est un produit de beauté qu'on ne saurait négliger.

* Pour finir, laissons une fois de plus la parole à Coco Chanel : « Une femme avec de belles chaussures n'est jamais laide ! » CQFD.

SOUS-VÊTEMENTS ET MAILLOTS DE BAIN

Ah, le strip-tease au cinéma... Vous vous rappelez certainement de Kim Basinger dans 9 semaines 1/2, *se déshabillant sur le sublime standard de Joe Cocker « You can leave your hat on » ou encore Jamie Lee Curtis dans* True Lies *avec ses jambes interminables qui rendaient sa maladresse terriblement sexy. Mais on peut évoquer aussi Alice Sapritch et son rôle loufoque de Donna Juana dans* La Folie des grandeurs *exécutant un strip-tease d'une drôlerie irrésistible. Je suis peut-être un peu dure mais j'ai comme l'impression que la majorité des sexa+ se verraient plus volontiers recrutées pour ce dernier rôle que pour les deux premiers... C'est dire si le choix de ce qui déshabille – dessous et maillots – est peuplé d'embûches.*
Certaines d'entre nous ont une silhouette de rêve, mais soyons lucides, quasiment aucune n'est exempte de ce que nous avons appelé pudiquement des zones de fragilité : haut des cuisses, décolleté, dessous de bras, ventre. Il va donc falloir jouer fin.

À la plage

* Désolée, mais il faudra dire adieu définitivement au deux-pièces, sauf quelques marques qui ont remis à la mode des culottes hautes et, encore plus malin, avec un effet de drapé qui cache le haut des cuisses. Pour le soutien-gorge, choisissez alors un haut « brassière » qui couvrira le sillon entre les seins.

> Le une-pièce est incontournable, bien emboîtant et décolleté assez haut. Une bonne solution : le bustier sans bretelles qui permet de bronzer sans marques, uni de préférence, et jouez les couleurs toniques.

* Chic et classe : le maillot résolument sportif comme ceux proposés par la marque Arena – certains couvrent le décolleté, d'autres ont un bas en forme de short moulant. Enfin, il existe beaucoup de modèles avec une gaine légère incorporée, idéale pour aplatir notre bedon.

* Vous trouverez de grands choix de maillots unis sur le site www.balsamik.fr et sur www.carla-bikini.com qui vend des modèles de la marque américaine Miraclesuit, tout à fait adaptés aux plus rondes. Mango, avec Violeta by Mango, présente de jolis modèles enveloppants. À La Redoute, vous dénicherez plusieurs modèles gainants pour mettre votre silhouette en valeur. Des maillots de bain très chics, adaptés à toutes les morphologies, vous sont proposés chez Été 87. Et puis, bien sûr, l'incontournable Éres : des maillots de bain très chers mais indémodables et chiquissimes...

* Autre ami apprécié : le paréo court, joliment assorti au maillot, qui cachera l'entrecuisse en rideaux de Venise.

* Le topless est bien sûr strictly forbidden ! Et pour deux raisons : ce n'est pas la peine de donner en spectacle des choses moins réjouissantes alors que des naïades sublimes s'ébattent à quelques mètres de nous. Et surtout parce que le soleil est notre ennemi et tout spécialement celui de la peau hyper-fragile de nos jolis (?) nénés.

La lingerie

* Sur ce point, il nous faudra jouer la qualité et le confort. Coup de chance, la culotte haute qui faisait terriblement mémé est redevenue à la mode avec des modèles emboîtants. Le string et le slip taille basse, outre leur inconfort avéré, ne sont plus adaptés à notre morphologie.

* Le soutien-gorge, obligatoirement assorti, assurera un bon maintien, car, à moins d'avoir la poitrine de Jane Birkin, les lois de la pesanteur sont incontournables. Certains modèles se ferment par-devant (Aubade). Le coté sexy sera donné par les couleurs et les matières. Pensez que les carnations très claires supportent mal des nuances comme le jaune ou le vert pâle.

> Sous les tenues moulantes, la lingerie gainante peut être d'une aide précieuse et fait facilement gagner une taille. Attention toutefois aux culottes et aux panties qui, certes, sculptent le ventre, mais, en l'aplatissant, créent une bouée au niveau de la taille. La bonne solution est le body ou, mieux encore, le liner qui descend à mi-cuisses et évite tout bourrelet.

Séquence glamour

Si vous en êtes à l'étape des tous premiers rendez-vous sensuels, je déconseille les lingeries réputées sexy – guêpière, jarretelles –, qui nous font vite tomber dans le ridicule. Tout aussi ridicule sera la révélation d'un système gainant, à réserver paradoxalement aux soirées « sages ». Là encore, le juste milieu, la classe, pourquoi pas le luxe, sont nos atouts gagnants.

* Toujours se rappeler que l'on doit renouveler sa lingerie fréquemment. Ça s'use, d'autant qu'on change de culotte au moins une fois par jour, n'est-ce pas ? Et surtout parce que nous les lavons en machine, outil meurtrier pour ces objets fragiles. Une amie, vendeuse dans une boutique de prêt-à-porter, me confiait son effarement devant les culottes ruinées et les soutiens-gorge avachis qu'elle découvrait dans les cabines d'essayage, y compris sur des femmes élégantes et apparemment raffinées. Sans parler d'une hygiène douteuse... Beurk !

Plus que jamais, la netteté est l'atout majeur des sexa+. La pilosité du pubis et des aisselles étant, au fil du temps, plus clairsemée, jouer le naturel donne aux zones considérées l'aspect d'un cou de poulet déplumé... Donc, pas de poils sous les bras et une épilation maillot soignée.

* *Déshabillez-moi,* chante Juliette Gréco, somptueuse nonagénaire... Oui, mais pas tout de suite... et pas trop vite !

Déshabillez-moi
Oui, mais pas tout de suite,
Pas trop vite
Sachez me convoiter,
Me désirer,
Me captiver
Déshabillez-moi...

Juliette Gréco

LES BIJOUX

Fan de bande dessinée, j'ai toujours eu un faible pour Tintin *et le personnage de la Castafiore, la cantatrice loufoque qui hurle à tout propos : « Ah, je ris de me voir si belle... », le fameux Air des bijoux, tiré du Faust de Charles Gounod. La séquence est connue : pour séduire Marguerite, Faust, à l'instigation de Méphistophélès à qui il a vendu son âme, lui offre un coffret rempli de pierreries. La pauvrette, d'abord incrédule, essaie les parures, n'en revient pas de se « voir si belle en ce miroir » et conclut : « ce n'est plus moi, c'est la fille d'un roi qu'on salue au passage » ! Envoûtée par ce trésor, elle n'aura plus un regard pour le modeste bouquet de Siébel, son amoureux transi.*

L'existence de beaucoup de femmes est jalonnée d'événements marqués par un bijou, de notre médaille de baptême au collier des noces d'or en passant par le bracelet de nos 18 ans ou la bague de nos fiançailles. Une amie, mère de famille nombreuse, ne quitte pas un bracelet porteur de « charms », ces breloques que son mari lui offrait à chaque naissance. Les voyages sont aussi l'occasion d'achats plus ou moins hasardeux, une croix Ankh en or, marchandée au Caire, que je vous engage à ne pas faire expertiser, pas plus que le « vrai » saphir ramené de Thaïlande.

Certains bijoux pourraient raconter une histoire que nous préférons oublier, telle cette copine qui se voit offrir une bague chaque fois que son mari la trompe – il faut dire qu'elle n'a pas assez de ses dix doigts pour les porter toutes... Le temps passant, les héritages de nos aïeules viennent aussi remplir notre coffret. STOP !

* Il est vrai que tout cela raconte notre existence mais, bien souvent, nos sexagénaires ressemblent à un manège à bijoux tant elles ploient sous la quincaillerie qui dit leur âge plus sûrement que leur carte d'identité.

> Principe de base : un bijou n'est ni un hommage, ni une épitaphe, encore moins une déclaration de revenus, mais un objet destiné à mettre en valeur telle ou telle partie de notre anatomie ou de notre silhouette. La question à se poser est simple : que voulons-nous montrer et que préférons-nous cacher ?!

* Tous les liftings, botox, collagènes du monde ne peuvent rien sur la principale zone à risque du vieillissement : les mains. C'est un crève-cœur mais, si nous étions lucides, nous renoncerions aux bagues, même à celle de nos fiançailles. Si cela est trop douloureux, ne portez qu'elle et interdisez-vous fermement « la bague à chaque doigt » réservée exclusivement à Karl Lagerfeld. Rien de plus chic qu'une main nue aux ongles courts, juste recouverts d'un vernis couleur chair puisque tous les vernis de couleur sont, comme les bagues, à proscrire pour les mêmes raisons.

> Autre zone à risque : le décolleté. Là encore, pas grand-chose à faire sur l'aspect fripé et taché. Donc pas de collier sur la peau. Oui, je sais, c'est dur, mais certaines choses sont possibles à quelques conditions.

Mon astuce

Mettez votre bijou sur le vêtement et non sur la peau ! Vos deux chouchous : la broche, à condition de la choisir moderne, et la chaîne en or en sautoir à mailles plates et épaisses. Le sautoir, un ami pour la vie, est à choisir moderne et même avant-gardiste. Le collier de perles – vraies ou fausses – est toléré s'il est long et en choker (en perles de même grosseur).

* Une précaution : les bijoux se démodent comme les vêtements. Évitez la broche bouquet de fleurs à pistils en pierre précieuse, la bague marquise, le collier de perles en « chute », la montre bijou – sauf à vouloir jouer le come-back de la rombière.

Porter ses décorations

André Maurois assurait que les décorations et les obus tombent toujours au hasard. Les citations malveillantes sur les décorations sont innombrables, ceux qui les sollicitent sont l'objet de moqueries et ceux qui les refusent l'objet de réprobation. Une chose est sûre, plus on avance en âge, plus la probabilité de recevoir une médaille augmente. Rappelons que le nombre de titulaires de la Légion d'honneur est de 93 000, celui de l'ordre du Mérite dépasse les 300 000, sans compter les centaines de milliers de titulaires d'ordres militaires, du Mérite agricole, des Palmes académiques, des Arts et Lettres et de quelques ordres moins connus. Je plaide coupable puisque je suis moi-même à l'origine de la création d'une médaille d'honneur de la santé et des affaires sociales, en février 2012. →

→

Notons que les ministres ont reçu des consignes pour que les promotions de décorés soient paritaires car, par le passé, les hommes se taillaient la part du lion pour orner leur boutonnière. Vous aurez donc beau vous être évertuée à n'avoir rien fait de notable dans votre vie, vous risquez d'être distinguée.

Mes chéries, il va falloir gérer, car rien ne vieillit plus qu'une décoration. L'adage est donc de mise : une décoration, ça ne se demande pas, ça ne se refuse pas et ça ne se porte pas ! Tout au long de ce livre, je vous indique que vous pouvez considérer mes conseils comme nuls et non avenus, mais là, je ne transige pas ! Porter ses décorations, c'est le comble du ringard et c'est bon pour les hommes…

Deux exceptions : d'abord les dîners d'État à l'Élysée, où l'on peut porter sur la robe du soir un petit ruban orné de la croix afférente à l'ordre, ensuite lors d'une cérémonie de remise, il est de coutume, si l'on est soi-même titulaire de cette décoration, de l'arborer sur le revers de sa veste. Toutefois, ces deux occurrences n'ont rien d'obligatoire et je vous conseille de n'en rien faire puisque votre médaille risque de causer un dommage irrémédiable à votre vêtement.

* Les boucles d'oreilles peuvent se révéler des ennemies redoutables car le lobe de l'oreille vieillit, lui aussi ! Attention, si vous avez fait percer vos oreilles, l'orifice a pu s'élargir de bien laide façon. Les boucles de petite taille sont alors peu flatteuses. Pareil pour les pendants qui, optiquement, tirent le visage vers le bas. En revanche, des clips assez gros masqueront nos petites misères et mettront la lumière dans nos yeux. Risquez-vous à des formes géométriques et à l'imagination de créateurs.

* L'indispensable montre peut, elle aussi, nous donner un coup de vieux si nous continuons à la porter avec un bracelet en cuir un peu fatigué et à petit cadran. Le vrai chic, c'est la montre sport à bracelet métallique ou un modèle masculin piqué à notre homme...

À méditer

Cette mode venue des États-Unis qui prône le zéro bijou : beaucoup de New-Yorkaises branchées ont adopté cette attitude qui donne un bon coup de jeune et évite de se faire attaquer dans la rue. Pour ma part, j'ai décidé d'offrir tous mes bijoux et ne porte plus que des fantaisies. J'ai le plaisir de les voir portés et j'en profite d'autant mieux !

En résumé : pas plus d'un bijou en plus de la montre, larguons toutes les vieilleries, évitons les bagues et les colliers, préférons des bijoux de créateurs modernes et décalés.

* Pour conclure sur une citation d'une philosophe bien connue et grande amatrice de bijoux, l'actrice Elizabeth Taylor : « Rappelez-vous, disait-elle, que les plus beaux bijoux, ce sont les genoux derrière les oreilles ! » (Oups, ce livre est bien destiné aux plus de 18 ans ?)

SACS, LUNETTES ET PARFUM

C'était en 1998, lors du voyage officiel du couple Clinton en France. Hillary avait souhaité rencontrer quelques femmes « remarquables ». Oui, oui, j'en étais ! Pendant près de deux heures, nous avons échangé avec la First Lady, habillée – à dix heures du matin – de satin turquoise des pieds à la tête, chaussures comprises. Les sujets avaient été parfaitement balisés par les services des deux présidences et laissaient peu de place à la spontanéité. Profitant d'un peu de relâchement vers la fin de l'entretien, je sors du cadre et lui demande : « Si vous donniez un seul conseil à une femme qui veut se lancer en politique, lequel serait-il ? » Avec un grand sourire et dans un éclat de rire, elle me lance : « Jamais de sac à main ! » Elle poursuit : « Vous avez vu les politiciens ? Un collaborateur trottine derrière eux pour porter leurs affaires et ils ont les mains libres pour serrer les mains, embrasser, accompagner leurs discours par des gestes amples. Le sac à main est une barrière entre les électeurs et nous. » Je n'ai pu m'empêcher de jeter un œil vers Bernadette Chirac qui était restée cramponnée à son Chanel, comme si l'on risquait de le lui voler...

Le sac, premier compagnon de notre vie quotidienne

* Qui n'a pas rêvé d'un de ces it-bags au prix monstrueusement indécent tel le Kelly d'Hermès, le Muse de Yves Saint Laurent ou le Speedy de Louis Vuitton ? Heureusement, certains sont plus abordables comme le 24h de Gérard Darel.

> Une dédicace spéciale pour Longchamp qui nous propose chaque année des modèles époustouflants de chic et de solidité. Je suis fan de Légende, Roseau, Gatsby et du dernier, Pénélope. On ne peut faire l'impasse sur Pliage, l'incontournable, qui se décline maintenant en toutes sortes de matières et de tailles. La famille Cassegrain tient haut et fort la bannière de la belle maroquinerie fabriquée dans mon cher Maine-et-Loire.

* La superbe maison italienne Salvatore Ferragamo est à la pointe de la classe et certains de ses standards sont des classiques, tel Sofia que le maroquinier florentin décline chaque saison avec des assemblages de couleurs inouïes.

* Le problème avec le sac à main est qu'il est devenu un « objet en soi » alors qu'il doit rester un accessoire dont il faut se demander d'abord s'il est bien adapté à sa silhouette et à ses vêtements.

* Quatre grands types : la besace, le sac à bandoulière, le sac à main proprement dit et la pochette. Pour mémoire, la gibecière est à proscrire : peu commode et difficile à sécuriser. Au fait, même si certains stylistes sadiques tentent de la remettre à la mode, on oublie aussi la « banane ».

Un principe : plus le sac est grand, moins il va aux petites et aux plus enveloppées. Donc, si vous êtes mince et grande, vous pouvez tout vous permettre.

* La besace – très tendance, il est vrai – donne un look négligé qui nous va mal, tant les sexa+ se doivent de cultiver le style impeccable.

* Enfin un vrai sujet de débat, le sac doit-il être assorti aux chaussures ? Je ne trancherai pas définitivement cette épineuse polémique mais, contrairement à ma chère Cristina Cordula, je ne déteste pas l'harmonie en la matière et même le total look ! Il faut bien se faire plaisir.

Si je n'avais que trois sacs – ah ! ah ! ce n'est pas la peine de rire – j'aurais :

→ Un sac à porter à la main, gris (ça va avec tout) dans un modèle assez grand pour mettre un dossier format A4, avec une petite poche bien accessible pour le portable – horripilant de chercher fiévreusement son mobile dont la sonnerie s'arrête au moment où l'on a enfin mis la main dessus.

→ Un sac à bandoulière (assez longue pour qu'on puisse la croiser afin de bien l'arrimer) en cuir foulonné brun assez clair, afin de garder les mains libres pour le voyage ou quand on se balade au marché ou dans un musée.

→ Une pochette assez grande avec une chaîne ou une bandoulière amovible, de couleur mordorée pour les sorties.

Les lunettes, un accessoire primordial

S'il est vrai que rien ne rajeunit mieux que de ne pas porter de lunettes, nous en sommes pratiquement toutes « affublées » après 60 ans. J'ai la chance absolue de ne pas en avoir besoin, pas plus que de lentilles, suscitant ainsi la jalousie féroce de mes proches à qui j'explique – pour m'excuser – que la myopie a certainement corrigé la presbytie, inévitable à mon âge.

* Deux solutions s'offrent à nous si nous refusons les binocles : les lentilles, mais tout le monde ne les supporte pas, ou la chirurgie, avec parfois des résultats incertains. Mais j'y reviendrai.

> Choisissez vos lunettes avec le plus grand soin, assistée de votre opticien. Auparavant, n'hésitez pas à consulter le site www.choisir-ses-lunettes.com qui donne d'excellents conseils pour adapter la couleur des verres et des montures à votre carnation et à la couleur de vos yeux et de vos cheveux.
> Les chaînes d'opticiens Grand Optical ou Optic 2000 proposent également des sites de conseil de qualité.
> Un focus spécial pour Krys qui, avec www.krys.com/simulateur, propose un essayage en ligne, soit en 3D, soit en chargeant une photo de son visage. Bluffant.

* Privilégiez la sobriété en évitant les montures flashy qui vous font ressembler à une retraitée californienne décatie. Si, comme moi, vous passez plusieurs heures par jour devant votre ordinateur, portez des verres anti-lumière bleue pour éviter la fatigue oculaire.

* Interdiction absolue de porter une chaînette ! Je sais, c'est pratique pour ne plus chercher ses binocles mais, pour faire mémé, c'est le top. Il existe maintenant des systèmes connectés qui permettent de repérer ses lunettes avec son portable. Une dizaine de marques proposent ce système de lunettes intelligentes. Chez Atol, le modèle Téou intègre un GPS qui indique la position de nos binocles depuis une appli mobile.

> Ce qui vaut pour les lunettes de vue vaut pour les lunettes de soleil. Ne mégotez pas sur leur qualité : nos yeux sont de plus en plus fragiles et le soleil est leur pire ennemi. Elles sont nos précieuses alliées en cas de mauvaise mine et nous assurent à peu de frais un look de star. D'ailleurs, ne sommes-nous pas des stars ?!

Deux choses
rendent
les femmes
inoubliables,
leurs larmes
et leur
parfum !

Sacha Guitry

La touche magique, la signature qui tue : le parfum

Quand on demandait à Marilyn Monroe ce qu'elle portait pour dormir, elle répondait invariablement : Chanel N° 5 !

∗ Il est très difficile de conseiller un parfum ou un autre tellement le résultat varie selon votre peau. Telle fragrance sera divine sur l'une, insupportable sur l'autre. Le parfum que nous avons adoré jeune fille « tournera » sur une peau sénescente. J'en ai fait l'expérience avec Diorissimo dont la note uniflorale de muguet a accompagné mes 18 ans mais qui est, hélas, totalement insoutenable aujourd'hui.

> Le danger qui nous guette est donc, pour le parfum comme pour toute autre chose, de ne pas se remettre en question. Changeons, surprenons notre entourage : nous sommes définitivement vieilles quand nous ne changeons plus de marque. J'ai connu ma belle-mère inaltérablement nimbée d'un fort nuage de Shalimar : ce n'était plus une signature mais une suffocation.

∗ La bonne mesure est, de toute façon, de baisser d'un cran sur la puissance olfactive et sur la quantité de produit, d'autant que nous finissons par ne plus sentir ses effluves et que notre odorat perd en acuité (eh oui, lui aussi).

∗ Évitez les marques trop connues et donc datées. Surprenez, là encore, avec les nouveautés pour qu'on vous dise : « Mais c'est quoi ce que tu portes ? », plutôt que : « Tiens, toi aussi, tu mets Angel » !

Santé & bien-être

Notre beauté n'a pas d'âge

2

LE VISAGE

Brunchant un dimanche matin dans l'un de ces restaurants branchés que fréquentent la cour, la ville, la mer et les poissons (expression de mon ami Philippe Meyer, rendons à César...), examinant les beautiful women qui se pressaient là, je n'ai pu m'empêcher de constater qu'elles se ressemblaient toutes. Botox, lifting et collagène finissaient par leur donner une même tête de carpe à l'étalage avec l'étirement des yeux, le lissage du front et le gonflement de la bouche. Pas terrible.
Une fois cette attaque frontale lancée, reconnaissons que l'on voit aussi des merveilles quand ces techniques sont pratiquées par des professionnels de premier ordre qui manient la seringue et le bistouri avec légèreté et savent dire non aux exigences démesurées de leurs patientes. Que préférez-vous qu'on dise : « Elle est drôlement bien, tu es sûre qu'elle a 70 ans ? » ou : « Tu crois que son chirurgien lui fait des prix ? » Mon choix est fait !

Je ne ferai pas ici une approche exhaustive des techniques « invasives » de rajeunissement popularisées par le lifting et la toxine botulique. Toute la presse féminine publie sur ce sujet des articles parfaitement équilibrés et documentés. Mais il faut insister sur quelques points importants.

> → Toutes ces techniques sont coûteuses et même très coûteuses. La chirurgie esthétique n'est pas remboursée par la sécurité sociale sauf en cas de disgrâces trop importantes et cela nécessitera alors une entente préalable.

→ Les résultats ne sont pas éternels, il faudra donc y revenir régulièrement. Pour les injections de toxine botulique, la réitération des injections amène des déformations.

→ Ces actes ne sont pas sans danger ni effets secondaires. Subir une anesthésie, par exemple, doit être apprécié en termes bénéfices/risques. Il y a aussi des ratages historiques sur des femmes qui ont pourtant eu recours aux meilleurs praticiens. Allez voir sur Internet le visage de la baronne Wildenstein ou de Meg Ryan… quel gâchis !

> → Fuyez la chirurgie low cost pratiquée dans certains pays spécialisés en tourisme médical. Certes, c'est moins cher, mais, en cas de pépin, vous n'aurez pas de recours.

→ De la même façon, sont organisées dans des grands hôtels des « injections-parties » menées souvent par des opérateurs étrangers. Là aussi, c'est moins cher, mais vous payez en liquide, et vous n'avez personne contre qui vous retourner.

* En fait, le mieux est de garder jeune et de rajeunir son visage naturellement par une hygiène de vie, des soins appropriés et un maquillage adapté.

Le visage est le miroir de nos folies et de nos excès : avant de vous ruiner avec une crème hors de prix, une bonne hygiène de vie est primordiale.

→ Bien dormir : ni trop, pas plus de sept heures, ni trop peu, pas moins de cinq heures.

→ Supprimer complètement le tabac, boire très peu d'alcool et seulement de façon occasionnelle, manger peu d'aliments intoxicants comme la viande.

→ Ne pas être trop maigre : rien de tel que deux ou trois kilos – allez, cinq, mais pas vingt – en trop, c'est un excellent antirides. Une bonne nouvelle, les très minces sont ridées. Eh oui… Daphné Roulier raconte que sa grand-mère assurait qu'après 40 ans il faut choisir entre ses fesses et son visage. Choisissez résolument votre visage !

→ S'exposez au soleil à dose homéopathique.

Vous retrouverez tous ces conseils détaillés plus loin.

Plus que jamais, il faut dorloter son visage

∗ Démaquillage soigneux au lait ou à l'huile et au tonique avec un coton bio et blanchi à l'oxygène ou des petites serviettes taillées dans du linge bien usé et que vous réutiliserez.
→ Mouillez le coton avec un pschitt d'eau thermale avant de l'utiliser, il sera plus doux.
→ Fuyez les eaux micellaires et les lingettes démaquillantes souvent irritantes pour notre épiderme fragilisé et vérifiez bien que votre démaquillant ne contient pas de sodium lauryl sulfate, particulièrement asséchant.
→ Pour les sexa+, les brosses tournantes sont à utiliser avec précaution et franchement déconseillées après 70 ans.

∗ Ensuite, recourez à une crème anti-âge suffisamment confortable et cocoonante pour nos peaux dénutries, avec un filtre solaire au moins SPF 15, à utiliser même en hiver, puis pratiquez un gommage doux suivi d'un masque-crème une fois par semaine.

> Deux principes : les crèmes ne sont efficaces qu'en couche très mince et on ne trempe pas son doigt dans un pot de crème. Il est regrettable que bien des produits de luxe n'existent pas en tube ou en flacon-pompe.

∗ Question budget : vous pouvez faire la folie d'une crème très chère et c'est vrai que certaines sont ultra-performantes, mais vraiment, pour les produits de démaquillage, le moins cher est le mieux.

Le maquillage, notre ami pour la vie

C'est le moment de se remettre – un peu – en question et de faire le point. Nous avons pris pendant un demi-siècle des habitudes qui sont presque une signature : un rouge à lèvres bien rouge, comme celui de notre mère, le trait d'eye-liner qui nous faisait l'œil de biche de nos premières surboums, le fond de teint qui cachait nos crises de boutons…

* Pour nous aider à faire ce check-up make-up, l'avis d'un professionnel est nécessaire. Prenez rendez-vous dans un salon de beauté avec un maquilleur et précisez bien que vous voulez un maquillage ville, frais et facile à reproduire.

→ Il nous faut un fond de teint fluide style eau de teint au moins un demi-ton plus clair que notre carnation et que vous poserez avec un gros pinceau. Si votre peau est vaiment très sèche, prenez un fond de teint crème que vous étirerez avec une éponge. Méfiez-vous des BB crèmes, présentées comme des produits de soin et qui sont parfois plus épaisses qu'un fond de teint. Les peaux noires ou métisses ont des lignes de produits adaptées.

→ L'anticerne, ou mieux encore le stylo-lumière, cache les cernes et les petits défauts et se met sur les lèvres pour faire tenir le rouge. Ne l'étirez pas mais travaillez-le en tapotant.

→ Une poudre très fine avec des pigments réflecteurs est à utiliser avec parcimonie. Une surdose de poudre accuse les ridules et donne un aspect de clown blanc.

→ Une touche de blush rose sur les pommettes.

→ Pour les yeux, bien dessiner les sourcils mais les laisser naturels en évitant de trop épiler : la ligne trop mince des actrices des années quarante – Michèle Morgan ou Danielle Darrieux – fait vraiment « daté ».
Pas de fards irisés ni d'eye-liner. Pour le fard à paupières, un fard blanc qui agrandit le regard en haut, un fard plus foncé à l'extérieur qui relève une paupière tombante, un peu de ce fard le long de la ligne des cils. Pour finir, deux couches de mascara sur les cils du haut. Attention, certains mascaras volumateurs sont trop épais et plombent le regard. À notre âge, il vaut mieux un mascara qui donne de la longueur.

→ Le rouge à lèvres ne doit être ni trop foncé, ni trop mat. Le crayon-contour est à fuir, sauf un crayon beige qui peut donner un peu de volume à des lèvres trop minces. Du rose, du marron clair, avec un peu de gloss pour donner du volume, et le tour est joué.

∗ Rien ne vieillit plus qu'un maquillage trop chargé ou trop foncé. Rien ne fait plus jeune et plus frais qu'un maquillage clair et léger, et tellement plus joli qu'un visage trafiqué par la chirurgie et les injections. Là, c'est sûr, je vais me faire des ennemi(e)s, mais j'ai l'habitude !

∗ Et rappelez-vous cette phrase de Jules Renard : *Il est plus facile de se vieillir que de se rajeunir.*

Votre plus beau profil en toute circonstance

Quitte à se faire prendre en photo, autant être à son meilleur ! Un photographe professionnel de mode et de beauté a bien voulu nous donner quelques conseils pour ressembler, au bas mot, à Cindy Crawford…

- Posez plutôt de 3/4 côté, cela permet d'affiner la silhouette, et c'est bien plus flatteur que d'être de face.

- Relâchez vos épaules, essayez d'avancer un peu votre visage vers l'objectif, tout en baissant légèrement le menton (vous éviterez ainsi le double menton.)

- Vous pouvez essayer d'accentuer votre regard en plissant très légèrement vos paupières. Vous donnerez ainsi une impression d'assurance et de maîtrise de soi.

- Pour avoir l'air enjoué, pensez à un souvenir amusant qui fera aussi sourire votre regard. Attention au grand rire qui fait plisser les yeux et qui accentue les rides. N'hésitez pas à vous entraîner devant un miroir !

- Pour les photos en extérieur, évitez de vous placer en pleine lumière : avoir le soleil au dessus de la tête ou en pleine face fait ressortir tous les défauts du visage. Préférez l'ombre ou attendez la fin de la journée pour être photographiée.

- Dans toutes les situations, ne vous maquillez pas trop et matifiez votre peau : les photos prises au flash font toujours briller les visages.

LES CHEVEUX

Le journaliste play-boy de France Télévisions, Laurent Delahousse, interviewait ce soir-là notre gloire nationale, Brigitte Bardot. Celle qui fut la ravissante boudeuse du cinéma français faisait peine à voir. Son visage portait honorablement ses plus de 80 ans, mais l'ensemble de son allure rendait une image ruinée, à la limite du ridicule. La robe et les bijoux étaient certes chichiteux, le maquillage trop appuyé, mais surtout elle arborait une coiffure « choucroute bouclée à la dégringole » qui la caricaturait en poupée pathétique. Ne pas se faire de cheveux est une bien jolie expression française qui signifie le refus de se soucier de choses inévitables. B.B, elle, s'en était fait trop et ça lui donnait un sacré coup de vieux...

Toutes les coiffures nettes, sobres, qui dégagent le visage, rajeunissent. Un « relookeur » professionnel m'avait confié : « Une bonne coupe, ça vaut un lifting. » Vous pouvez évidemment garder vos cheveux longs, mais ramassés en chignon, le modèle banane que portaient si joliment les héroïnes hitchcockiennes ou un chignon bas de nuque qui donne un port de tête incomparable. Pour une coupe courte, si vous le sentez bien, osez le très court comme Cristina Cordula.

À plus de 60 ans, les looks capillaires à fuir ab-so-lu-ment

→ Les coiffures maniérées encore plus contestables avec des accessoires. Brigitte avait ajouté des fleurs pour séduire Delahousse !

→ Le coup de peigne « froissé » ravissant sur les starlettes à peine pubères, calamiteux après 30 ans.

→ Les cheveux longs flottant sur les épaules qui tirent les traits vers le bas.

→ La queue de cheval qui signe la vieille minette n'assumant pas son état civil.

→ La coiffure très crêpée en « casque de moto » caractéristique des riches retraitées de Floride.

→ La permanente bouclée serrée sur les cheveux teints couleur parme immortalisée par Barbara Bush ou Élisabeth II.

→ Les racines blanches, les couleurs hasardeuses. Coucou, Mylène Farmer, Axelle Red… va falloir songer à évoluer, les filles !

Faut-il accepter ses cheveux blancs ?

Voilà une question de fond ! Les cheveux blancs gagnent du terrain et un million de femmes en France les assument, soit 15 % de plus qu'il y a dix ans. Des journalistes comme Frédérique Lantieri, des femmes politiques comme Françoise de Panafieu, des chanteuses comme Françoise Hardy, les portent avec panache. Regardez la classe inouïe du mannequin new-yorkais Carmen Dell'Orefice et vous vous laisserez peut-être tenter.

> D'abord, évacuons d'emblée l'absurdité qui voudrait que les cheveux blancs soient une solution de facilité ! Ils demandent autant de temps et de soins que ceux qui sont teints. Ils exigent d'être déjaunis régulièrement et, puisqu'il y a cinquante nuances de gris (!), certaines iront mieux que d'autres à votre carnation.

* L'avantage du blanc est également de permettre des coiffures graphiques modernes et décalées qui seraient impossibles autrement, sauf à tomber dans le ridicule passé un certain âge.

* Si vous faites ce choix, il va falloir aborder avec courage la période transitoire. Laissez d'abord pousser sur quelques centimètres les racines et couvrez-les d'une poudre colorante. Le coiffeur pourra ensuite décolorer le reste de la longueur en fonction de la couleur de votre gris. Pour habituer votre entourage, vous pourrez opter pour des mèches cendrées mais comptez à peu près un an pour venir à bout de cette grande transformation. Si cela vous tente, faites-le le plus tôt possible, les cheveux blancs ont un chic fou sur les visages jeunes. Par contre, si vous avez toujours les cheveux teints après 75 ans, je déconseille l'aventure ou alors en restant au poivre et sel.

À ne jamais oublier

→ Les cheveux sénescents ont besoin d'être cocoonés, revitalisés. Gorgez-les de produits nutritifs, évitez les séchoirs trop chauds, les fers à friser et autres ustensiles qui vont caraméliser votre tignasse, les shampoings détergents qui la décapent, les laques trop fortes qui la figent. Comme pour la peau, le soleil et le vent sont leurs pires ennemis. À la plage, au bord de la piscine, mettez un fluide capillaire qui les protégera des UV.

→ Blancs, noirs, blonds ou roux, faites à votre guise, à une seule condition : le look « saut du lit » n'est plus fait pour nous et notre seule devise en ce domaine, pour nos cheveux comme pour le reste : naturelle et impeccable !

ÊTRE EN FORME ET LE RESTER

Les campagnes de santé publique nous assènent leurs slogans : « Tu t'es vu quand t'as bu ? », « Un verre ça va, trois verres, bonjour les dégâts », « à consommer avec modération », « Cinq fruits et légumes par jour », « Manger bouger », « Fumer tue »...
Même si j'ai eu à gérer et promouvoir cette communication comme ministre de la Santé, j'avoue qu'au mieux ces multiples injonctions n'impriment plus guère et même, qu'au pire, elles suscitent parfois de l'incrédulité sur leur efficacité allant jusqu'à de l'irritation. Pourtant, les enjeux sont majeurs, il faut donc continuer, se renouveler car l'impact des messages s'use très vite.
Interpeller et choquer pour être remarqué, quelle difficulté. Dur métier que celui des instituts spécialisés comme l'INPES, l'Institut national de la prévention et de l'éducation pour la santé, ou la Haute Autorité de santé !

C'est tout simple... rester en forme passe par une interdiction totale, par une modération hédoniste, une maîtrise parfois difficile, un usage en pointillé et une discipline jouissive.

Une interdiction totale : le tabac

Les chiffres sont accablants et on ne les répétera jamais assez. Un vrai massacre.

* Le tabac est la première cause de morts évitables avec près de 80 000 décès par an en France. À son passif, 37 000 nouveaux cancers chaque année : cancer du poumon, évidemment, mais aussi de la vessie, où les femmes sont, hélas, en train de rattraper les hommes. Le tabac augmente considérablement la survenue de bronchites chroniques, de bronchopathies obstructives, de maladies cardiovasculaires, de maladies neurodégénératives type Alzheimer, et aggrave les syndromes dépressifs. Pour clore cette liste terrible, ajoutons le vieillissement accéléré de la peau et des cheveux et le risque de perte des dents deux à trois fois plus élevé que pour les non-fumeurs, sans compter l'haleine de chacal. Cela ne vous suffit pas ?

> Ajoutons que vous empoisonnez votre entourage de façon délibérée et que l'interdiction de fumer dans une voiture avec des enfants de moins de 12 ans est largement insuffisante. Sans compter ce conseil précieux d'un médecin américain : ne fumez pas au lit, les cendres qui en tomberaient pourraient bien être les vôtres !

* Une fois la décision prise d'arrêter de fumer, rendez-vous chez votre médecin traitant qui vous indiquera les lieux de consultation de sevrage tabagique qui devraient atteindre un millier cette année.

* Sur le site piloté par l'INPES www.tabac-info-service.fr vous aurez accès sans rendez-vous à des consultations en groupe ou individuelles. Par téléphone, au 39 89, une équipe de tabacologues saura vous donner de précieux conseils (0,15 € la minute du lundi au samedi de 8 h à 20 h) et vous proposera même un suivi par mail.

* Les traitements nicotiniques de substitution – patchs et autres gommes – qu'on peut se procurer sans ordonnance peuvent bénéficier d'un remboursement forfaitaire de l'assurance maladie de 50 € (éventuellement complété par votre mutuelle) s'ils font l'objet d'une prescription médicale. D'autres traitements comme le buproprion ou la varénicline nécessitent une prescription.

> Si vous êtes adeptes des médecines douces, de bons résultats dans le sevrage tabagique sont enregistrés avec l'homéopathie, la sophrologie, la programmation neuro-linguistique (PNL) ou encore l'acupuncture.

* La cigarette électronique est un bon moyen de sevrage, et même si son innocuité est loin d'être démontrée, son éventuelle nocivité sera toujours bien moindre que celle du tabac.

> Ce sera dur évidemment, mais l'arrêt du tabac est une belle victoire qui vous rendra fière de vous. Redécouvrir la saveur des mets et le parfum des fleurs vous récompensera au-delà de vos efforts.

Une modération hédoniste : l'alcool

Je portais régulièrement ses médicaments à l'une de mes amies, octogénaire, qui avait du mal à se déplacer. Un jour, je la trouve en larmes. Elle me raconte qu'elle a avoué à son médecin qu'en regardant « Des chiffres et des lettres » elle buvait un petit verre de liqueur de cassis, maison, me précise-t-elle. Le praticien, un sadique à n'en pas douter, venait de lui interdire cette douceur au motif que « à son âge, l'alcool est mauvais pour la santé » ! Je l'ai invitée à ne tenir aucun compte de préconisations aussi lugubres et même à éventuellement, en prendre un second devant « Questions pour un champion »... Mme P. vécut ainsi une bonne dizaine d'années supplémentaires. L'alcool conserve, c'est bien connu.

Trêve de plaisanteries, l'alcoolisme est un fléau et l'alcoolisme féminin en particulier. Il se développe souvent dans le secret, ignoré, nié, et il nécessite pourtant une prise en charge spécialisée car il s'agit d'une vraie maladie dont on ne se sort pas par sa seule volonté. Parlons alors simplement de la consommation raisonnable d'alcool.

→ Alcool et conduite sont totalement incompatibles. Si vous devez prendre le volant, la tolérance zéro prévaut.
→ Les boissons alcoolisées ne sauraient être de consommation régulière. Elles sont donc proscrites de la table familiale dans la vie courante. Ce sont des boissons festives à consommer avec modération et strictement au cours d'un repas.
→ Les femmes sont beaucoup plus sensibles à l'alcool que les hommes. Ne calquons pas notre consommation sur la leur.

→ Évitez l'alcool au déjeuner. Son effet assoupissant rendra votre journée improductive.
→ Les boissons alcoolisées, au hit-parade des « calories cachées », sont donc à intégrer dans notre apport alimentaire si nous voulons surveiller notre poids. Un verre de vin rouge compte environ 80 kcal, de blanc 100 kcal, une bière peut monter à 200 kcal. Les apéritifs démarrent aux 100 kcal d'une flûte de champagne brut jusqu'aux plus de 200 kcal d'un kir en passant par les 170 kcal d'un gin (*Caramba, moi qui adore le gin-tonic…*).

* Ces principes posés, tout devient simple. Il faut d'abord se faire plaisir et il est hors de question de supprimer le vin et les spiritueux, sauf, bien entendu, pour les malades alcooliques qui devront les proscrire leur vie durant.

L'alcool sera donc strictement réservé aux repas de réception au restaurant ou chez soi. Pour nous les sexa+, le bon dosage sera au maximum une flûte de champagne à l'apéritif et un verre de vin. Si nous préférons un apéritif plus alcoolisé comme mon cher gin-tonic, il faudra supprimer le vin au cours du repas.

* Prenez garde à la coupe de champagne finale qui clôt certains repas d'anniversaire : il faut l'anticiper et refuser alors l'alcool à l'apéritif. Les alcools forts d'après-dîner, appelés indûment « digestifs », sont à refuser systématiquement.

Enfin, buvez peu et surtout buvez bon : nos vins sont les meilleurs du monde, les mépriser serait acte de barbarie mais les savourer témoigne de notre culture.

Une maîtrise parfois difficile : notre poids

* Non, il n'y a pas de poids idéal ! Nous connaissons toutes l'IMC, l'indice de masse corporelle dont le calcul est obtenu en divisant notre poids en kilos par notre taille en mètres portée au carré. Si je pèse 65 kilos pour 1, 70 m, mon IMC sera donc de 22,49.

* Les tables bien-pensantes sont claires : de 18,5 à 25 nous serions « normales », entre 25 et 30 en surpoids – c'est mon cas ; je m'empresse d'ajouter : de peu –, au-dessus de 30, obèses. Nous serions maigres entre 16,5 et 18,5 et dénutries en dessous de 16,5.

* Considérons ces normes avec circonspection. Elles ne sont valables que pour les extrêmes, obésité et maigreur, qui sont du ressort d'un suivi médical spécialisé. Après un demi-siècle de « je t'aime moi non plus » avec notre pèse-personne, nous savons toutes où nous en sommes. De plus, ossature, masse musculaire – si nous faisons beaucoup de sport –, nombre de grossesses, sont à prendre en compte pour évaluer la « normalité » de notre poids.

> Les questions à se poser sont simples : « Suis-je bien dans ma peau? », « Est-ce que je plais à mon amoureu(x)se? », « Puis-je, sans souffler comme un phoque, monter les escaliers ou courir après mon petit-fils qui fait les quatre cents coups? », « Mes constantes biologiques sont-elles normales? »

* Si tout cela va bien, laissez tomber l'IMC, les régimes et toutes les sornettes dont on nous rebat les oreilles. De toute façon, Karl Lagerfeld ne nous demandera plus de défiler pour Chanel et il n'y a pas de meilleur antirides que quelques kilos en trop... Attention, j'ai dit et je redis quelques, pas vingt !

* L'important pour les sexa+ n'est pas de maigrir mais de ne pas grossir après 60 ans. Car c'est bien cela qui nous guette. Plus la peine de faire attention aux regards acérés des collègues de travail, du temps pour faire un peu plus de cuisine, on grignote puisqu'on reste chez soi, on prend le thé avec les copines, résultat : à 70 ans, on risque de ressembler à une baleine échouée.

> Je propose donc de remplacer les trois lettres de IMC par les trois lettres de BLM. Qu'es aquo? Tout simplement la formule miracle « bouffe la moitié ». Ne se priver de rien, simplement diviser les portions habituelles par deux (au passage, en faire de même pour celui ou celle qui partage notre vie) : je vous garantis le résultat, des économies et une pêche d'enfer.

* Pour le reste, vous savez tout : pas d'alcool, mollo sur les sucres et le gras, de la viande deux fois maximum par semaine pour les résistants au végétarisme, pas de lait – nous n'avons plus de galactase dans l'estomac – mais des produits laitiers, éviter pain et fromage, se régaler de légumes, consommer les fruits avec modération, jeter à la poubelle les paquets de céréales qui nous bourrent le mou en nous promettant de la minceur, refuser tous les produits « light », dits « de régime », et autres calembredaines qui ne font maigrir que notre porte-monnaie, et adopter l'adage : un petit déjeuner d'empereur, un déjeuner de prince et un dîner de gueux !

Un usage en pointillé : le bronzage

Pas d'intégrisme : un usage très modéré de l'exposition au soleil booste l'apport en vitamine D, bénéfique pour les os et les muscles, et les UV sont bons pour le moral. D'ailleurs, le manque de lumière en hiver est la cause de « dépressions hivernales » qu'on peut traiter par la luminothérapie qui fait sécréter la mélatonine. CQFD, nous disent les accrosadu bronzage, celui-ci est bon pour la santé. Sauf que, pour obtenir ses effets bénéfiques, quelques minutes suffisent et simplement en allant faire son marché en plein air !

* Par contre, la liste de ses méfaits est impressionnante et les effets nocifs augmentent considérablement avec l'âge. Le coup de chaleur a des effets dévastateurs : rappelez-vous la surmortalité enregistrée lors de la canicule de 2003.

> Même sans coups de soleil, les UV accélèrent le vieillissement de la peau, pire, ils sont responsables de cancers qui peuvent être extrêmement graves et l'on assiste à une véritable explosion de la fréquence des mélanomes malins. Ils s'attaquent également aux yeux, provoquant des cataractes.

* Ils ont des effets photosensibilisants avec de très nombreux médicaments. Vous prenez un traitement ? Pensez à demander à votre médecin si vous pouvez vous exposer. Sur les sites de e-santé, comme www.doctissimo.fr ou www.allodocteurs.fr, vous trouverez la liste impressionnante de ces médicaments qui proscrivent, de fait, le bronzage.

* Certaines maladies sont aggravées par une exposition modérée au soleil : l'eczéma, la kératite actinique, l'herpès labial, le lupus érythémateux, et j'en passe.

* Sachez également que nos taches sur les mains, les lentigines que portent tous les sexa+, ainsi que les masques de grossesse – chloasma – sont considérablement étendus par le bronzage.

* À ce stade de la démonstration, vous sortez capelines, voiles en mousseline, mitaines et robes à manches longues tombant jusqu'aux pieds ? Pourquoi pas ! Mais sans aller à ces extrémités, un usage « en pointillé » est un élément de notre stratégie anti-vieillissement. Un préalable : jamais de cabine UV évidemment.

> Plutôt de courtes périodes de 15 à 20 minutes répétées trois à quatre fois dans la journée en dehors des heures solaires « de pointe ». De toute façon, la capacité des mélanocytes à fabriquer de la mélanine s'épuise très vite, cédant la place à un processus de cuisson, tel le steak passé à la poêle.

* Les crèmes solaires à fort coefficient sont indispensables mais n'autorisent pas pour autant à prolonger l'exposition. Certains dermatologues craignent même que leur usage ne soit en partie responsable de la recrudescence des cancers de la peau en incitant à rester plus longtemps exposées.

> Le soleil est donc un ennemi particulièrement malveillant qu'il convient de tenir à distance par des rencontres limitées et précautionneuses…

Une discipline jouissive : le sport

Vous êtes peut-être de ces femmes magnifiques qui font toutes les semaines leur parcours de golf ou leur partie de tennis, sans compter quelques longueurs de bassin. Respect !
Je vais plutôt m'adresser à l'immense majorité de celles qui se disent : « il faudrait que je m'y mette... », qui ont peut-être souscrit un abonnement d'un an à prix d'or dans un club de sport où elles sont allées trois semaines ou qui ont acheté l'un de ces appareils miracles qu'on se procure sur les chaînes de téléachat et qui fut promptement descendu à la cave. Pour ce qui me concerne, dort sous mon lit depuis cinq ans un plateau d'exercice de Nintendo que j'ai dû utiliser... deux mois. Il est donc absurde de se fixer des objectifs inatteignables, sauf à adorer se mettre en situation d'échec.

> Le minimum n'est pas de faire du sport, mais de faire trente minutes d'exercice physique par jour, d'autant que le « métabolisme basal » diminue avec l'âge.
>
> Le métabolisme basal représente la dépense énergétique qui assure les fonctions vitales de l'organisme. L'idéal est de faire une heure de gymnastique deux à trois fois par semaine.

* Des exercices simples à exécuter au quotidien : ne pas utiliser l'ascenseur, faire ses courses au lieu de commander par Internet – en plus, c'est sympa –, descendre une station de métro plus tôt, et mille choses qui vous garderont en forme.

Les erreurs à ne pas commettre

→ **Faire de temps en temps une importante séance de sport** – gymnastique ou autre – extrêmement crevante, aux effets contre-productifs et parfois même dangereux pour le cœur et les articulations.

→ **Faire tous les matins une séance toute seule,** sans avoir pris la précaution de faire valider par un professionnel les exercices qui nous conviennent et qui nous signalera les erreurs à ne pas commettre.
→ Un exemple : après 60 ans – et parfois bien avant – nous sommes très tendues au niveau des trapèzes et nos épaules sont douloureuses suite à des calcifications ou de la tendinite. Nous avons hélas tendance à ne solliciter que les deltoïdes, ce qui fragilise un peu plus nos épaules, alors qu'il vaut mieux travailler la coiffe des rotateurs, c'est-à-dire les muscles profonds, car ce sont eux qui soutiennent et centrent l'articulation fragilisée.
→ Pensez aussi à travailler les triceps : ils empêchent nos dessous de bras de ressembler à des rideaux.

→ **Croire que « faire des abdo » nous fera perdre du ventre.** S'il subsiste un panicule adipeux, seul le cardiotraining en viendra à bout.

Quels sont nos objectifs ?

→ **Rester souples et mobiles** : pouvoir ramasser un objet par terre, lacer ses souliers, remonter la fermeture Éclair d'une robe… tous ces gestes anodins sont parfois impossibles en cas d'arthrose. Le pire est que nous avons alors le sentiment que la gymnastique n'est plus possible pour nous, alors que c'est là qu'il faut mobiliser les articulations, mais avec prudence.

→ **Travailler la posture et les muscles profonds** : une bonne posture protège notre dos et ce sont les muscles profonds qui sculptent la silhouette. Il faut donc fortifier le transverse, notre gaine naturelle qui plaque les viscères au fond de la cavité abdominale.
→ Un petit test facile : mettez les mains autour de la taille, relâchez-vous, vous sentez la taille s'épaissir, grandissez-vous et vous la sentez s'affiner et le ventre rentrer. Travailler le transverse est simple : vous vous auto-grandissez en rentrant le ventre sur l'expiration en pensant à abaisser vos épaules.
→ Et surtout, double effet bénéfique, vous faites ainsi travailler votre périnée, ce qui vous protège de l'incontinence, du prolapsus des organes génitaux, et vous permet de garder de bonnes sensations lors des rapports sexuels. Que du bonheur !

→ **Améliorer le souffle et l'endurance** pour ne pas se fatiguer lors des petits efforts de la vie quotidienne en stimulant le système cardiovasculaire à des intensités modérées.
→ C'est particulièrement important pour combattre le stress. Les personnes stressées perdent de la mobilité au niveau du diaphragme, ce qui augmente la pression au niveau de l'abdomen et fragilise le périnée. Par ailleurs, travailler le souffle est la meilleure façon d'empêcher la voix de vieillir. Oui, oui, vous pouvez avoir un corps de rêve, un visage lifté et des fringues de concours, si votre voix chevrote, au niveau séduction, c'est mort !
→ Lisez donc le livre du docteur Jean Abitbol, *Le Pouvoir de la voix*, aux Éditions Allary. Ce spécialiste a pour clients les plus grands chanteurs d'opéra et de variétés et vous trouverez dans son ouvrage plein de conseils pour garder une voix... sans rides !

→ Profitons de ce paragraphe pour rappeler que l'alcool et le tabac sont les principaux fauteurs du vieillissement de la voix. Oui, je sais, j'en ai déjà parlé, mais il ne faut pas s'en lasser.

* Le secret de la réussite est d'avoir un coach particulier et à domicile. Beau conseil, me direz-vous, encore faut-il en avoir les moyens ! L'astuce est de se grouper à quatre ou cinq amies et de se retrouver en tournant chaque semaine chez l'une ou chez l'autre. Vous divisez les frais, vous vous amusez et c'est le meilleur moyen de s'inscrire dans la durée. Nulle possibilité de trouver une raison d'échapper à la séance : vous prenez les rendez-vous à l'avance et quand, ding, dong, la sonnette retentit, en place pour le quadrille ! Surtout, un travail personnalisé respecte nos fragilités et permet de les surmonter.

Après tant d'échecs, cela fait maintenant six ans que Chrystelle est mon coach et nos séances de gym, trois fois par semaine, sont un élément majeur de mon équilibre et de ma bonne humeur. Pourtant, vous n'auriez pas pu imaginer quelqu'un de plus réfractaire au sport que moi ! Vous pouvez la retrouver sur son site www.atelier-laparenthese.com. Au passage, merci à elle de m'avoir aidée à rédiger ce chapitre et d'avoir vérifié que je n'écrivais pas de bêtises…

* Bien entendu, si vous pratiquez depuis longtemps un sport que vous aimez, continuez ! En vous méfiant toutefois des sports asymétriques, golf ou tennis. La randonnée et la natation sont idéales. L'aquagym ou le yoga sont souverains pour se muscler et entretenir ses articulations. Rien de meilleur que le taï chi chuan pour maintenir un bon sens de l'équilibre.

Mon coup de cœur absolu : la marche nordique

Vous cherchez un sport adapté aux sexa+ ? Vous pensez que l'exercice physique n'est pas fait pour vous ? Vous refusez de vous enfermer dans une salle de sport ? Vous voulez vous faire des amis tout en sculptant votre silhouette ? Ne cherchez plus, la marche nordique est faite pour vous !

→ C'est un sport de marche où, grâce à des bâtons, le corps est propulsé vers l'avant et la foulée allongée. Vous retrouvez la technique du ski de fond.
→ Pas d'apprentissage compliqué : en quinze minutes, vous comprenez la technique et, en une seule séance, vous la maîtrisez totalement.

→ Sport complet, la marche nordique fait travailler l'ensemble du corps, les muscles des bras, les pectoraux, les abdos, les cuisses et les fessiers. En une heure d'exercice, vous brûlez quatre cents calories, 50 % de plus que dans la marche normale et c'est excellent pour l'amincissement !

→ C'est un sport de nature idéal pour vous oxygéner, un sport convivial à pratiquer en groupe (avec un coach qui vous évitera les mauvaises positions) et qui vous permettra de vous faire des amis.

→ C'est aussi une activité accessible financièrement.
→ Une fois payée la licence à la Fédération d'athlétisme (25,5 €), le prix d'une séance encadrée est de quelques euros. On vous prête les bâtons pour vous initier.

→ L'équipement est minimal : une paire de chaussures type « trail » (pas de chaussures de randonnée) et un bon coupe-vent.
→ Quand vous achèterez vos bâtons, il vous en coûtera environ 90 € pour les plus sophistiqués, mais les prix débutent à moins de 20 €.

* Alors, convaincues ? Pour plus de renseignements, rendez-vous sur le site dédié de la Fédération française d'athlétisme www.athle.fr. En prime, vous m'y verrez en photo et en action !

* Voilà, plus de tabac, peu d'alcool, bien manger, et faire du sport, tout cela en s'amusant. Garder la forme, finalement, c'est facile !

Faire travailler sa mémoire, c'est aussi du sport !

On ne dit pas merci à Wikipédia. Cette encyclopédie informatique est si pratique que, dès le moindre trou de mémoire, on s'y précipite. Mais qui est ce comédien qui jouait dans ce film ? Comment s'appelle ce fruit qu'on ne trouve qu'au Japon ? Vous l'avez su. Vous l'avez oublié. Et si, plutôt que d'utiliser votre ordinateur à la moindre hésitation, vous faisiez marcher votre mémoire ? Car le cerveau, c'est comme les abdos : pour qu'il reste en forme, il faut le faire travailler. On peut même s'amuser avec des exercices tout simples. Apprendre par cœur un poème que vous réciterez plus tard devant les yeux ébahis de vos amis, ou plus simplement en jouant au scrabble, au sudoku, au bridge, en faisant des mots croisés. Sur votre smartphone, il existe des jeux de culture générale qui vous seront très utiles, comme le trivial pursuit. Essayez, vous allez vous régaler…

PRENDRE EN MAIN SA SANTÉ PAR LA PRÉVENTION

Ministre de l'Écologie, je suis l'invitée de Jean-Michel Aphatie sur la matinale de RTL, le 19 novembre 2003. Au moment où je pense l'entretien terminé, Aphatie m'interroge sur le bruit qui court dans tout Paris : Jacques Chirac porterait un appareil auditif. Les problèmes d'audition du président de la République sont un secret de polichinelle et donnent d'ailleurs lieu à des scènes comiques, où la gêne le dispute à l'amusement chez les personnes qui y assistent. Assise sur la même ligne que le président au Conseil des ministres, j'ai parfaitement vu – comme tous les ministres – le sonotone qui « orne » son oreille. À la question du journaliste, je réponds tranquillement : « Il me semble que oui, le Président porte un appareil auditif. » Mes amis, quel barouf, quel scandale... Pourtant, qu'y avait-il d'extraordinaire, à 70 ans, d'avoir ce genre de difficulté et de vouloir y remédier ? En quoi cela était-il un empêchement d'exercer sa fonction ? L'entourage de Jacques Chirac a commis une erreur de communication en n'anticipant pas cette révélation inévitable. Pire, cet entourage a implicitement dit aux six millions de malentendants de notre pays – dont le tiers d'ailleurs a moins de 60 ans – qu'ils étaient porteurs d'une déficience honteuse qu'il convenait de cacher. C'est un bien mauvais service qui a été ainsi rendu à la santé publique dans notre pays.

Nous, les sexa+, abordons le quart de siècle qui s'étale devant nous en poussant un soupir de soulagement. Nous nous sentons en pleine forme et nous pensons débarrassées de toutes ces contraintes d'examens médicaux, d'analyses, de bilans, de visites de la médecine du travail qui ont marqué notre vie de femme. Fini de chausser les étriers chez la gynéco ou de se faire écraser les seins lors de la mammographie. Pourtant, il faut le dire haut et fort, cette double décennie, 60 à 80 ans, est une véritable « zone grise » dans la prise en charge de notre santé.

* C'est pendant cette période que se développe à bas bruit un certain nombre de déficiences qui seront plus tard autant de facteurs de dépendance. Il est d'autant plus regrettable de ne pas développer de stratégie de prévention que la précocité d'une prise en charge est le meilleur garant de sa réussite.

Un point à rappeler

L'assurance maladie nous offre tous les cinq ans un bilan de santé entièrement gratuit. Tout va être passé en revue pendant environ deux heures et demie. Contactez votre caisse, ou rendez-vous sur le site www.ameli.fr, remplissez le formulaire et l'on vous indiquera les modalités et le lieu de l'examen. Il a été suffisamment reproché à notre système de soins de négliger la prévention pour passer ensuite à côté d'une telle opportunité. Il est à signaler que ce service est assuré quel que soit votre régime d'assurance maladie.

* Mais un bilan tous les cinq ans représente le minimum pour une vraie stratégie de prévention. Passons une revue de détail des contrôles à effectuer après 60 ans.

Mon agenda de prévention

Contrôles à effectuer tous les ans

- Examen gynécologique (avec frottis cervico-vaginal au moins jusqu'à 65 ans, mieux jusqu'à 70 ans).
- Examen de la vision pour avoir une bonne correction visuelle et détecter glaucome, dégénérescence maculaire ou cataracte.
- Examen de l'audition à partir de 70 ans, mais vous pourrez déjà l'effectuer une fois tous les deux ans entre 60 et 70 ans.
- Examen bucco-dentaire.

Contrôles à effectuer tous les deux ans

- Une mammographie jusqu'à 74 ans révolus systématiquement.
- Un dépistage du cancer colorectal.
- Ces deux examens sont entièrement pris en charge

D'autres contrôles à inscrire à votre calendrier

- Celui que vous ferez vous-même soigneusement tous les trois mois pour inspecter taches brunes et grains de beauté. Tout changement doit entraîner une visite immédiate chez le dermatologue car les mélanomes sont de redoutables cancers.
- Un contrôle cardiovasculaire tous les trois ans.
- Si votre entourage vous signale des troubles cognitifs, il sera important de faire un bilan précoce dans un des vingt-huit Centres Mémoire de Ressources et de Recherche de notre pays. Là encore, il ne faut pas craindre le diagnostic, car, plus tôt les maladies neurodégénératives sont détectées, meilleure est leur prise en charge.

Point majeur de la prévention : la vaccination

Il est dommageable que des organisations politiques, sectaires ou complotistes, mènent la guerre contre des produits qui ont sauvé des millions de vies humaines. Et regrettable de constater que beaucoup de sexa+ ne se sentent plus concernées.

> **Petit rappel des préconisations en la matière :**
> → Tous les dix ans, un rappel de DTP, Diphtérie-Tétanos-Polio : c'est quand même trop bête de mourir d'un tétanos attrapé en taillant ses rosiers.
> → Tous les ans, le vaccin contre la grippe, gratuit à partir de 65 ans.
> → Le vaccin contre le zona a été nouvellement inscrit au calendrier vaccinal : à faire entre 65 et 75 ans.

L'ostéodensitométrie

Votre gynécologue ou votre médecin traitant a déjà dû vous en parler. Après la ménopause, les os ne sont plus tout à fait ce qu'ils étaient. À vrai dire, ils vieillissent. Et se fragilisent. Les risques de fractures augmentent (le fameux « col du fémur ») et il est toujours bien de savoir où l'on en est. Pour cela, un examen est proposé : l'ostéodensitométrie. Presque comme une radio sauf que cet appareil-là émet des rayons X qui mesurent la masse de calcium contenue dans vos os. Aucune préparation préalable, aucune douleur pendant ou après l'examen, qui ne dure que quelques minutes. Mais on y verra précisément votre squelette et les endroits les plus touchés. Un médecin vous donnera immédiatement ses conclusions. Cet examen peut-être renouvelé tous les trois à cinq ans, selon les cas.

Dépistage des maladies de la vision

En 2008, au sein de l'hôpital des Quinze-Vingt a été créé l'Institut de la vision, véritable incubateur, qui a décidé d'abolir les frontières entre les disciplines et entre le public et le privé. L'Institut se déploie aussi bien sur la recherche fondamentale que sur la recherche clinique. Les réussites sont déjà immenses et les perspectives le sont encore plus. On nous promet de la même façon, pour bientôt, un Institut de l'audition dont la construction a déjà commencé tout à côté de celui de la vision. Affaire à suivre.

L'ensemble de ces indications constituent un calendrier indicatif et minimal. Votre médecin traitant vous indiquera, en fonction de votre état de santé, de vos antécédents personnels ou familiaux, s'il convient d'accélérer la cadence des examens ou prescrira d'autres contrôles.

→ Si vous êtes fumeuse par exemple, une radio du poumon et un contrôle du souffle seront prescrits régulièrement.

→ Un antécédent familial de cancer du sein entraînera quant à lui des mammographies plus rapprochées.

→ Les porteurs d'affection de longue durée se référeront strictement au calendrier des examens et des traitements pilotés par l'équipe médicale.

→ Évidemment, il ne suffira pas de détecter la déficience mais encore faudra-t-il ensuite développer les stratégies d'appareillage, de traitement médical ou chirurgical, de diététique et d'hygiène de vie qui permettront d'y remédier !

Téléphones portables : attention aux mauvaises ondes !

Impossible de parler de prévention sans évoquer les téléphones portables. S'il n'est pas prouvé que nos chers smartphones sont nocifs pour la santé, ce qui est sûr, c'est qu'ils émettent des ondes électromagnétiques.

Au cas où, il serait bien de connaître quelques règles pour se protéger : maintenir l'appareil à plus d'un mètre de son corps, en se servant tout simplement d'un kit mains libres, limiter les conversations et préférer envoyer un sms, utiliser dès que l'on peut son téléphone fixe…

N'oubliez pas non plus qu'il n'y a rien de pire que de laisser allumé son portable dans sa chambre à coucher, une habitude néfaste selon l'Institut national du sommeil. D'abord parce que des messages reçus à 3 heures du matin, et c'est monnaie courante, perturbent votre sommeil, ensuite parce que les flashs lumineux qui accompagnent ces messages peuvent retarder l'horloge biologique : ils agissent même lorsqu'on a les yeux fermés.

Alors attention, prenez délicatement votre smartphone et remisez-le définitivement dans votre salon pendant la nuit ! Préférez un bon roman qui vous aidera à plonger dans un sommeil réparateur…

Compléments alimentaires pour une forme éblouissante

Vous êtes en forme mais de petits maux peuvent vous gâcher la vie. Oh ! presque rien, des problèmes d'articulation, les inconvénients de la ménopause ou même votre peau qui se relâche plus que vous ne le souhaiteriez. Des compléments alimentaires peuvent vous aider à y remédier et à vous sentir mieux.

→ **Demandez d'abord à votre médecin de vérifier si vous n'avez pas de carences en vitamines D** – une prise de sang suffit. Près de 75 % des plus de 65 ans en manquent et elle est pourtant essentielle pour fixer le calcium sur les os, éviter les fractures et ralentir l'ostéoporose qui nous guette, quoi qu'on fasse !

→ **Le curcuma**, plante originaire du sud de l'Asie, a prouvé son efficacité pour combattre les problèmes d'articulation. Quant à la silice, elle apaiserait les douleurs articulaires.

→ **Pour différentes raisons, certaines d'entre nous ne peuvent suivre un traitement hormonal contre les aléas de la ménopause.** Il faut trouver d'autres solutions pour éviter bouffées de chaleur, insomnies et autres sautes d'humeur. Des plantes peuvent vous y aider, comme le gattilier, le figuier, l'angélique chinoise, le millepertuis, la prêle… Sollicitez votre pharmacien : il vous guidera.

→ **Votre peau n'est plus ce qu'elle était et cet état de fait vous fait broyer du noir?** Pourquoi ne pas essayer ces compléments qui luttent contre le vieillissement de votre épiderme ? L'huile de bourrache ou d'onagre, le collagène marin. Faites donc une cure d'antioxydants, mais n'oubliez jamais qu'une bonne alimentation, un peu de sport et un bon sommeil seront toujours le meilleur des remèdes pour éviter rides profondes, cernes et peau grise !

→ **Enfin, pour ralentir le plus longtemps possible les problèmes de vue ou la cataracte, rien ne vaut la vitamine C, mais aussi les vitamines A et E.** À prendre en gélules ou simplement en mangeant des agrumes, des légumes verts, réputés pour leur teneur en lutéine, un pigment extrêmement efficace pour entretenir sa vision.

La question du sida

* Vous ne vous sentez pas concernés par la prévention de l'épidémie de sida et des maladies sexuellement transmissibles ? Vous avez tort.

Les études épidémiologiques montrent une nette recrudescence de l'épidémie chez les plus de 50 ans. C'est ainsi qu'entre 2003 et 2013, parmi les personnes diagnostiquées séropositives, la proportion des plus de 50 ans est passée de 13 à 18 %. En cause, la liberté sexuelle qui touche tous les âges – tant mieux –, les voyages qui offrent de sympathiques occasions, mais, hélas, aussi la conviction erronée que le sida est une affection cantonnée aux homosexuels jeunes. Faux, évidemment. Le plus dramatique est que les médecins voient arriver de ce fait des sexa ou septuagénaires porteurs de la maladie à un stade avancé et en échappement thérapeutique.

* Chères amies qui partez en croisière, n'oubliez pas que les préservatifs sont les meilleurs outils de prévention du sida, des hépatites et des maladies vénériennes. Si vous adoptez une conduite dite à risque, le dépistage est impératif, d'abord par un test de dépistage rapide à orientation diagnostique du VIH (TROD) que vous trouverez en pharmacie, à confirmer dans un centre ou un service spécialisé.

* Le docteur Frédéric Saldmann, qui officie sur RTL et multiplie les best-sellers, nous assure que nous sommes notre meilleur médecin. Sans doute. En tout cas, la prévention demande une volonté et une détermination méthodique qui sont de notre seul ressort.

* Toutes ces stratégies reculeront la date de la survenue d'affections ou de perte d'autonomie, mais les bénéfices en seront engrangés dans l'immédiat. Ce n'est pas quand on sera devenu complètement sourd qu'il sera intéressant d'être appareillé, mais bien dès les premiers signes de perte d'acuité auditive puisque *sans la musique la vie ne serait qu'une erreur...* (Friedrich Nietzsche).

AVC : les gestes qui sauvent

Chaque année, 150 000 Français sont atteints d'accidents vasculaires cérébraux. Si toutes les tranches d'âges sont touchées, 50 % des malades ont plus de 75 ans. Il est parfois difficile de reconnaître un AVC.

- Voici une liste de symptômes qui doivent vous alerter si vous les constatez chez un proche :

→ Maux de tête violents et soudains
→ Troubles visuels et/ou de la parole
→ Hémiplégie d'une partie du corps

Demandez-lui alors de sourire largement, de lever les deux bras en l'air et de prononcer une phrase.

- Même si vous n'êtes pas certaine d'avoir affaire à un problème grave, appelez immédiatement le 15 (Samu), ou le 112 d'un portable, et répondez clairement et calmement aux questions posées par votre interlocuteur (nom, adresse, code de la porte, étage, etc.). Décrivez les symptômes que vous constatez et l'heure à laquelle a débuté l'accident.

- Vous devez toujours laisser le malade allongé et rester calme.

- Si vous êtes vous-même victime d'un malaise de ce genre et que vous êtes seule, appelez sans plus attendre les secours. Plus vous serez prise en charge tôt, plus les séquelles d'un éventuel AVC seront évitées.

Maison
&
décoration

Un coup de jeune

3

RAJEUNIR SON INTÉRIEUR

J'adore Stéphane Plaza et l'émission « Maison à vendre » qu'il anime sur M6. Le principe est simple : des personnes cherchent à vendre leur logement, sans y parvenir, et cela parfois depuis des mois. Ce sont souvent des retraités qui souhaitent déménager pour des raisons pécuniaires ou pour se rapprocher de leurs enfants. La visite diagnostic menée par le sympathique Stéphane est cocasse. Habitée parfois depuis vingt ou trente ans, la maison est devenue un capharnaüm où s'entassent meubles dépareillés, souvenirs de vacances, bibelots improbables et vieux vêtements dans un décor kitsch et suranné. En une semaine, grâce notamment au « home staging », l'équipe de la chaîne débarrasse les lieux de toutes les vieilleries et, à peu de frais, les modernise par des couleurs claires et quelques beaux accessoires au goût du jour. Le couple, qui avait d'abord eu du mal à encaisser la mise à plat sans concessions de son cadre de vie, n'en revient pas d'obtenir un tel résultat avec quelques milliers d'euros, parvient à négocier un bien catalogué invendable, et peut ainsi commencer une nouvelle vie.

Vous n'avez sans doute pas l'intention de déménager... Je vous propose néanmoins de mener une véritable opération de lifting de votre intérieur. Inutile d'acheter de luxueuses crèmes antirides et des vêtements siglés si votre maison renvoie de vous une image « mémé ». Oui, cela sera peut-être dur de se séparer du cendrier en pâte à sel confectionné par Jules, votre petit-fils, ou de l'horrible pendule offerte en cadeau de mariage par la tante Ernestine. De toute façon, Jules s'intéresse maintenant aux filles et Ernestine est morte.

Listons tout ce qui plombe notre cadre de vie

→ L'encombrement : au fil des ans et des héritages, nous avons laissé s'entasser du mobilier parfois inutile, souvent hideux.

→ Les copies de meubles anciens, le mobilier « rustique », en particulier celui des cuisines aménagées.

→ Tout ce qui a été laissé par nos enfants partis vivre leur vie depuis bien longtemps : meubles, vêtements, objets scolaires.

→ Le portemanteau dans l'entrée.

→ Les bibelots multiples : cadeaux, souvenirs, collections improbables (ah, les collections de poupées folkloriques...).

→ Les livres.

→ Toutes sortes d'objets hors d'usage : électroménager, vaisselle dépareillée ou ébréchée, verrines ayant contenu des bougies parfumées, supports de compositions florales...

→ Les carrelages à très petits carreaux, les parquets en mauvais état.

→ Les photos ! Telles les chaises dans la pièce éponyme de Ionesco, leur nombre augmente avec nos années et elles finissent par nous envahir.

→ Les tableaux : le pêcheur breton en canevas, les biches dans un sous-bois, la reproduction de la *Joconde* (personne ne peut penser que le faux est au Louvre...).

→ Le velours de Gênes, la moire, les rideaux avec passementerie, pompons, embrasses et cantonnières assorties.

→ Le linge usagé et dépareillé dans la salle de bains.

→ Les napperons quels qu'ils soient, mais les pires sont ceux en têtière sur les fauteuils ou posés sur le poste de télévision.

→ Les téléviseurs à tube cathodique.

→ Le mauvais éclairage, soit trop aveuglant avec un seul lustre au plafond, soit trop sombre par insuffisance de points lumineux indirects, les abat-jour fatigués ou de guingois.

→ Les plantes vertes (attrape-poussière).

→ Les tapis style « persan ».

* Et je ne suis certainement pas exhaustive !

* Maintenant, papier et crayon en main, livrez-vous à un diagnostic sans faiblesse, comme si vous visitiez la maison d'un inconnu. N'hésitez pas à vous faire aider, par une amie plus jeune avec un œil neuf ou une entreprise spécialisée. Il existe des sites qui proposent des idées intéressantes, même s'ils sont en général sponsorisés par des professionnels qui veulent vous vendre des travaux de rénovation ou des objets de déco.

Passage à l'acte !

* L'opération désencombrement est capitale et conditionne tout le reste. Vendez vos meubles, donnez à des proches ou à des associations caritatives type Emmaüs. Dans l'attente d'un choix définitif, entreposez-les dans un garage ou au garde-meubles.

* Stockez tous les bibelots et les tableaux dans des caisses en mettant à part ceux qui ont une réelle valeur. Vous en choisirez ensuite quelques-uns à tête reposée quand l'opération rajeunissement sera terminée.

Comment se débarrasser de ses meubles ?

→ C'est devenu une habitude, presque un automatisme : on entasse. Parce qu'on a la flemme de faire le tri, parce qu'on est sentimentale et que cette vilaine poterie vous a été offerte par la gentille tante Simone ou parce qu'on ne sait pas du tout comment faire pour se débarrasser de l'armoire normande qui pèse trois tonnes. Dites adieu à l'appartement vieillot qui déborde de meubles et de souvenirs, au dressing rempli de vêtements qu'on ne portera plus. Il va falloir se délester de vos souvenirs et de vos fripes… et donner un coup de jeune à votre logis !

→ Bien sûr vous pouvez donner deux, trois choses à vos proches. Mais attention, uniquement ce qui peut leur faire plaisir ou leur être utile. Hors de question de leur refourguer n'importe quoi !

→ Se débarrasser et faire une bonne action, c'est possible : Emmaüs viendra chez vous récupérer gratuitement les meubles volumineux (et en bon état).

Pour le reste (bibelots, vaisselle), vous trouverez les adresses sur le site www.emmaus-france.org. Le Secours populaire accepte les vêtements dans toutes ses antennes mais les meubles seulement dans certaines (info@secourspopulaire.fr). Et aussi : le Secours catholique, Engagement solidaire, Les Restos du cœur...

→ Participez à un vide-grenier, il y en a partout au printemps, c'est le moment de jouer à la marchande.

→ Si vous préférez abandonner vos meubles dans la rue, attention aux amendes ! Pour être en règle, allez sur le site Internet de votre ville. Le service des encombrants vous indiquera la date à laquelle vous pouvez les déposer devant la porte de votre immeuble ou de votre maison.

* Pour les photos, triez de façon définitive. D'ailleurs, nous avons les portraits de ceux que nous aimons sur nos portables. Allez, je suis trop dure... Vous pourrez remettre au maximum deux photos par pièce !

→ Le bon truc : un cadre photo numérique. Vous allez épater votre entourage par un appareil high tech qui existe même en grand format (20 pouces) si vous le souhaitez. Plus à portée des réfractaires aux nouvelles technologies, composez-vous un pêle-mêle ou un pan de mur dédié à vos clichés. Une seule condition : le faire vivre en le renouvelant souvent.

* Liquidez napperons, plantes vertes, fleurs séchées et autres tapis dits d'Orient. Et décidez-vous pour l'écran plat !

Les livres doivent être triés selon deux critères : les éditions rares, les livres coûteux, les ouvrages de référence seront gardés. Pour les autres, le tout-venant, se poser une question : ai-je envie de les relire ? Si la réponse est non, ne vous donnez pas la peine de tenter de les vendre. Donnez-les à votre bibliothèque municipale, à une maison de retraite ou à une école (sauf votre collection d'ouvrages érotiques !). Je fournis aussi régulièrement une amie qui tient une maison d'hôtes et qui engage ses clients, ravis, à emporter les livres qu'ils ont commencés. Un livre, ça doit circuler, pas rester sur une étagère.

Opération rajeunissement

* Le but de cette opération est d'unifier votre logement par des murs aux couleurs claires traitées en dégradé. Si vous en avez les moyens, vous pourrez avoir recours à un professionnel, mais l'opération est à la portée d'amateurs. Il est tout à fait possible d'avoir un résultat convenable sans décoller les papiers et même en peignant sur les tissus. Les rideaux, clairs eux aussi, unis ou à imprimé sobre et géométrique (proscrire les fleurs et les gros motifs), se trouvent à prix modiques et sur mesure dans de nombreuses maisons : Madura, Alinéa, Heytens, Saint-Maclou. Si les carrelages de votre cuisine et de votre salle de bains sont trop démodés, choisissez des revêtements plastiques collés : on trouve de petites merveilles imitation béton ciré ou parquet cérusé « à tomber par terre », naturellement. Les carrelages se peignent et les parquets aussi ! Si besoin, unifiez les sols par une moquette un ton au-dessus des murs. Les meubles trop kitsch des cuisines rustiques seront décapés et repeints.

* Avant de jeter votre canapé en cuir ou de remiser définitivement votre petite table Louis XVI, réfléchissez. Vous pouvez peut-être rénover certains meubles, changer l'aménagement de votre salon et le transformer rapidement en petit cocon bien plus contemporain. Il existe aujourd'hui des moyens très simples pour mettre en valeur ce qu'il y a de mieux et cacher ce qu'il y a de pire.

* Quelques sites peuvent vous aider dans cette aventure amusante et économique. Des coachs vous donneront des idées originales. Et puis, n'hésitez pas à chercher des vidéos sur Internet. Certaines vous expliquent comment faire pour (presque) tout changer ou, simplement, personnaliser votre intérieur : cotemaison.fr, myhomedesign.fr, coaching-decoparis.com, justindeco.fr, animelie.com ou interieurs.fr.

> Désencombrement, rajeunissement et finalement décoration. Quelques bibelots et tableaux seront ressortis de leurs cartons avec la plus extrême parcimonie. Multipliez les points de lumière indirecte. Un tapis moderne, quelques coussins, des plaids pour cacher le velours miteux du canapé, de jolis draps dans votre chambre, des serviettes de toilette neuves (prenez deux couleurs en harmonie).
> Tous ces objets de décoration se trouvent à petits prix dans des boutiques comme Alinéa, AMPM, Zara Home, Carré blanc, Casa et tant d'autres, sans compter les sites Internet.

Petit conseil d'amie : profitez-en pour penser à vous !

Le sociologue de la famille, François de Singly, fait remarquer que bien souvent les femmes n'ont pas d'espace « à elles » – à part la cuisine ! – alors que leur conjoint bénéficie d'un bureau ou d'un atelier. C'est d'autant plus anormal que nous assurons souvent la gestion du ménage et mille travaux qui justifieraient d'avoir cet espace. Virginia Woolf indiquait pourtant que le luxe suprême était d'avoir « une chambre à soi » et en avait fait le titre de son ouvrage le plus connu. Ces aménagements sont donc l'occasion d'installer cette « grotte » dont nous avons toujours rêvé. Et hop ! Nous cochons une ligne de plus sur la liste de nos envies.

NB. Débat sur la citation de Virginia Woolf dans *Une chambre à soi* : « De ces deux choses, le vote et l'argent, l'argent, je l'avoue, me sembla de beaucoup la plus importante. » Et si vous deviez choisir ?

SÉCURISER SA MAISON

En novembre 2010, le président de la République Nicolas Sarkozy me nommait ministre des Solidarités et de la Cohésion sociale. Sur ma feuille de route, un dossier l'emportait sur tous les autres, celui de la dépendance des personnes âgées. Un débat national était lancé, des commissions d'experts travaillaient sans relâche, je multipliais les déplacements en régions pour recueillir les expériences de terrain, recevais pour de longs entretiens les scientifiques, les philosophes, les religieux. Plusieurs réunions de cadrage budgétaire se tenaient à l'Élysée, bref, on allait voir ce qu'on allait voir. En partant pour une courte semaine de vacances au mois d'août, je m'assure auprès du Premier ministre que la gamelle est toujours sur le feu et obtiens les assurances nécessaires. Au premier Conseil des ministres de rentrée, François Fillon me fait passer un papier et je lis, atterrée : « On ne fait plus la dépendance, tu arrêtes tout, la situation financière est trop mauvaise. » J'ai dû tout démonter et assurer aux milliers de personnes qui avaient travaillé sur ce dossier que leur travail n'était pas inutile et servirait à mes successeurs. Maigre consolation, ceux-ci n'ont guère avancé sur le dossier à part quelques bonnes paroles et des pincées de crédits notoirement insuffisants. L'exercice du pouvoir réserve bien des désillusions...

Mon propos n'est pas ici de traiter de toutes les questions complexes de la grande dépendance mais de placer en exergue un élément capital de la sauvegarde de notre autonomie, l'adaptation de notre habitat.

> Les chiffres sont édifiants : notre espérance de vie augmente d'un trimestre tous les ans et nous serons 20 millions de sexagénaires en 2030, les personnes âgées de plus de 75 ans passeront de 5,7 millions en 2012 à 12 millions en 2060.

* Et pourtant, alors que nous voulons dans notre immense majorité rester chez nous le plus longtemps possible, seulement 6 % des logements sont adaptés au vieillissement. Une personne sur deux de plus de 60 ans n'a pas d'enfant à proximité.

* Ne croyez pas non plus que les accidents domestiques ne touchent que le grand âge et dites-vous que ce n'est pas quand la grande dépendance surviendra – en moyenne vers 88 ans – qu'il sera temps de prendre des décisions stratégiques trop douloureuses et trop compliquées. Si vous les prenez quand vous êtes en pleine forme, elles améliorent immédiatement la qualité de la vie et participent de votre maintien en autonomie le plus longtemps possible.

Première phase : un diagnostic lucide

* Il convient de s'imaginer sereinement avec les petites misères inhérentes à l'avancée en âge et de se poser les bonnes questions :

→ Ne suis-je pas trop isolée et dans l'incapacité de faire appel au voisinage ?

→ Ne suis-je pas trop éloignée de mes enfants et petits-enfants ?

→ Puis-je disposer de commerces et de services à proximité ? De professionnels de santé ?

→ Mon logement est-il accessible ?
Si c'est un appartement, avec un ascenseur suffisamment grand ; si c'est une maison particulière, avec un premier niveau de plain-pied.

→ Mon logement est-il aménageable ? Pour répondre à cette question, vous pouvez consulter l'espace prévention « Bien vivre sa retraite » sur le site Internet de l'assurance retraite www.lassuranceretraite.fr disponible également sur Youtube. Vous y trouverez les vidéos d'un ergothérapeute qui détaillent pièce par pièce comment adapter son habitat.

On n'est vieux que le jour où on le décide.

Jean Anouilh

Deuxième phase : les décisions lourdes à prendre éventuellement

* Il y a des situations que vous ne pourrez corriger et la seule décision sera d'envisager un déménagement. Il vaut mieux un logement plus petit mais adapté et ce sera l'occasion de vous débarrasser de tout ce que ma grand-mère appelait en patois morvandiau des « embergnots », ces objets inutiles et encombrants. Redites-vous qu'il vaut mieux procéder à cette opération quand on est en pleine forme. À 85 ans, c'est le transfert en EHPAD (établissement d'hébergement pour personnes âgées dépendantes) qu'on vous imposera comme solution.

* Si votre habitation est aménageable, selon vos ressources, vous pouvez bénéficier d'aides importantes. Elles sont de trois ordres :

> → L'Agence nationale de l'habitat (ANAH) qui aide aussi bien les propriétaires bailleurs que les propriétaires occupants.
> → Les caisses de retraite qui, outre des aides financières, envoient un évaluateur qui fera un bilan complet de votre logement.
> → Le crédit d'impôt très intéressant car il ne nécessite aucune démarche préalable ni de constitution de dossier.

Troisième phase : tout ce que vous pouvez faire dès maintenant !

Les chutes sont la première cause de mortalité chez les personnes de plus de 65 ans. Près de quatre cent mille d'entre elles font une chute accidentelle par an et douze mille en décèdent (trois fois plus que les morts sur les routes et quasiment personne n'en parle). On estime à cinquante mille le nombre de fractures du col du fémur par an. Si vous tombez, le risque de chuter dans la même année est multiplié par vingt. Et chaque année, les chutes touchent 35 % des personnes de 65 à 79 ans et deux fois plus les femmes que les hommes. Alors, convaincues ?

* Avant même d'envisager un déménagement ou de gros travaux, vous pouvez sécuriser votre habitat. Les zones de dangerosité sont bien connues et il est facile d'y remédier.

→ **L'ennemi public numéro 1 est bien… le tapis, grand fauteur de chutes !** Supprimez-les tous ou à tout le moins fixez-les solidement et bien au bord avec des adhésifs agrippants. Encore plus dangereux, les tapis d'escalier qui cumulent les risques des marches et du tapis : les « valdingues » peuvent y être mortels. Là aussi, vérifiez les barres de marche, fixez-les solidement, et installez l'indispensable rampe que vous utiliserez à la montée comme à la descente (non, pas en glissant à califourchon dessus !).

→ **La salle de bains et évidemment la baignoire** sont des secteurs qui font plus de morts que les tireurs de Sniper Alley. Le minimum est d'installer une barre de relevage et un tapis antidérapant.

Le mieux est de supprimer carrément cet engin de mort et de le remplacer par une large douche avec siège intégré. Méfiez-vous des installateurs qui proposent leurs services par des publicités alléchantes à la télévision ou dans les revues seniors. Ils facturent ces travaux à des prix rédhibitoires alors qu'il est moins coûteux de s'adresser directement à des artisans de proximité.

→ **Enfin, désencombrez, éclairez**, surtout quand vous allez aux toilettes la nuit, et évitez les cavalcades en solitaire sur un escabeau…

* Finalement, toute cette stratégie devrait être mise en œuvre bien avant notre retraite et nous seraient ainsi épargnés bien des accidents, des infirmités et des dépenses d'assurance-maladie. CQFD.

* Vous le voyez, sauvegarder notre autonomie le plus longtemps possible, c'est une affaire de bon sens avant d'être une affaire de gros sous.

Loisirs & voyages

C'est le moment !

4

LES AVENTURIÈRES DE LA VALISE PERDUE

Vous connaissez la ville de Scottsboro en Alabama ? Non ? Eh bien, c'est là que risquent fort de se retrouver vos bagages égarés lors d'un voyage en avion. Une société (www.unclaimedbaggage.com) s'est fait une spécialité de les racheter aux compagnies aériennes et de revendre leur contenu à prix cassés. Certes, ces compagnies nous assurent que ce genre de désagrément est rarissime. En fait, 1 % de nos valises sont retardées ou perdues définitivement, et quand vous êtes victimes de ce mauvais sort, cela gâche tout déplacement professionnel ou de loisirs. Pareille mésaventure m'est advenue lors d'un déplacement à New Dehli. Je conduisais alors une délégation parlementaire pour une conférence internationale de huit jours avec un programme de réunions et de réceptions officielles. La malle où j'avais entassé mes tailleurs les plus chics et toute une série de robes du soir est enfin arrivée – défoncée – une heure avant de repartir...

* Pour parer à cette désastreuse éventualité, les précautions sont connues. Il convient d'éviter les transits trop courts et d'accepter de perdre un peu de temps puisque les connexions sont la cause principale de ces pertes. Mettez un signe distinctif sur vos valises, ôtez les anciennes étiquettes et réceptionnez-les dès leur sortie sur le tapis roulant pour éviter les erreurs ou les malveillances. Il existe aussi un système de puce électronique qui permet maintenant de les pister en temps réel. Surtout, chaque fois que c'est possible, et c'est le plus sûr, voyagez avec un simple bagage cabine.

* Toutes ces mesures n'empêcheront pas un incident. J'ai donc déployé une stratégie de survie lors de tout déplacement aérien. Je voyage vêtue d'un tailleur pantalon noir de coupe classique, en polyester infroissable, et d'un tee-shirt en coton blanc. Aux pieds, des chaussures vernies à talons de 3 cm. Dans mon sac, deux changes de lingerie, un tee-shirt noir, une broche habillée et mes affaires de toilette et de pharmacie. Ainsi équipée, vous pouvez faire face à toutes les éventualités, d'une réception très habillée où vous serez en total look noir, à une virée shopping en pantalon et top blanc.

Mon conseil

Choisissez un pantalon avec une taille élastiquée. Ce sera plus confortable car la pressurisation de la cabine fait gagner quelques centimètres de tour de taille lors d'un déplacement long courrier. Pour les mêmes raisons, portez des chaussettes de contention, évitez les boissons gazeuses et les alcools, mangez le moins possible et buvez de l'eau plate.

* L'atmosphère des cabines est extrêmement desséchante. Le bon truc est de se démaquiller, de mettre une bonne crème-masque hydratante et de se remaquiller légèrement à l'arrivée. Se rappeler évidemment que tous nos produits de beauté en crème ou liquide doivent être dans des contenants transparents de 100 ml au maximum.

> Vous pourrez considérablement diminuer l'aléa de la perte de vos effets personnels… et même mieux, partir plusieurs jours « la fleur au fusil » munie d'un simple sac de voyage. Plus on avance en âge, plus il faut s'alléger !

Réductions et avantages seniors

Envie de sortir, de bouger, de changer d'air ? Ce n'est certainement pas le nombre des années qui va nous en empêcher ! Bien au contraire, à partir de 60 ans, parfois même 55 ans, de nombreuses réductions nous sont proposées. Ce serait dommage de ne pas en profiter.

- À partir de 60 ans, la carte senior +, proposée par la SNCF, coûte 60 € pour un an. Grâce à elle, on obtient :

→ 25 % de réduction sur tous les trains
→ 40 % de réduction en 1re classe sur TGV, Intercités, TER
→ 50 % sur TER et Intercités en période bleue
→ des réductions sur les lignes France-Italie, France-Allemagne, France-Luxembourg, etc.

- Air France propose des tarifs spéciaux sous certaines conditions et sans achat de carte. Jusqu'à 75 % de réduction pour les vols en France métropolitaine.

- À partir de 55 ans, la Carte Réduc-Seniors à 49 € par an (pour une personne ou un couple marié) permet des réductions dans les hôtels et chambres d'hôtes, pour les spectacles, la thalasso ou les voyages…

- Avant de louer une voiture, pensez à la carte Avis Club Senior. Pour les plus de 55 ans, elle coûte 65 € et est valable deux ans. La carte nous propose d'économiser de 15 à 30 % sur les locations en France, de 5 à 20 % sur les locations à l'étranger ainsi qu'un surclassement gratuit et la livraison de l'auto à votre domicile à moitié prix.

- Sachez aussi qu'en voyageant hors saison, nous bénéficions de nombreux avantages. Alors, avant de partir entre copines (les enfants sont grands !), on regarde attentivement le calendrier et on évite les vacances scolaires… Et puis, de nombreux hôtels proposent des tarifs dégressifs en période creuse pour les seniors. Et si on se faisait plaisir ?

VIVE LES VACANCES !

Ce n'est pas parce que nous avons du temps à nous qu'il ne faut plus prendre de vacances, bien au contraire ! Elles deviennent même indispensables si nous ne voulons pas devenir des vieux croûtons s'engourdissant dans les délices délétères de la monotonie des jours. Alors on fait quoi ? A priori*, le plan bien pourri est pour nous les sexa+ la grande maison de famille ou la location d'été avec enfants et petits-enfants. Oui, je sais que c'est sympa, que c'est un plaisir de revoir tout notre monde, que bien des films ont magnifié des moments magiques entre émotions et rires. Une rapide exploration – qui n'avait certes rien de scientifique – m'a montré une réalité bien différente.*

* La sexa+ se retrouve dans le rôle d'une super-gouvernante contrainte de gérer les tablées pléthoriques, les courses, les horaires décalés des plus jeunes, les caprices, les disputes entre cousins, les scènes de ménage. Entre fonctions de bonne à tout faire, nounou et conseillère conjugale, la maison de vacances est le lieu à préconiser aux saintes ou aux masochistes, d'ailleurs ce sont les mêmes.

> Soyez donc égoïstes ! Une solution magique est de faire donation de cette fameuse maison de famille à vos enfants... et hop, ce sera vous qui viendrez en invitée, toute parée d'une générosité dont ils ne soupçonneront pas la perversité.

* Si néanmoins, vous étiez contrainte à cette colonie de vacances familiales, l'astuce n'est pas de « se faire aider », ce qui ne marche jamais, mais bien de passer le manche du commandement aux différents protagonistes, selon un roulement défini dès le début du séjour. Dès votre lever, vous ferez savoir que vous avez vos propres activités (plage, sport, etc.), que d'ailleurs vous déjeunerez « ailleurs », sans autre précision, et que c'est vraiment ballot de ne pas avoir trouvé de baby-sitter car vous, vous allez au cinéma...

L'idéal, les vacances en clubs ou les croisières

* Réservé il n'y a pas si longtemps à des personnes fortunées, ce type de vacances offre maintenant des possibilités pour tous les budgets. Choisissez toutefois des enseignes avec pignon sur rue, les mauvaises surprises concoctées par des tour-opérateurs peu scrupuleux ne sont pas rares.

* Si vous vous ennuyez à périr sur un transat ou dans une piscine, une bonne formule est celle de la croisière culturelle autour d'un conférencier. La fan de musique lyrique que je suis ne résiste pas à vous signaler quelques organisateurs de croisières musicales et tout spécialement celles organisées par Radio Classique, www.radioclassique.fr, avec la passionnant Alain Duault, et par les chaînes de TV Mezzo, www.rivagesdumonde.fr. La compagnie du Ponant, www.ponant.fr, offre un catalogue de croisières qui vous emmènera même en Antarctique. Le violoncelliste Dominique de Williencourt propose aussi des programmes alléchants à découvrir sur www.de-williencourt.com.

> Même si ces vacances semblent un peu plus chères sur la facture de départ, le concept « all inclusive » évite bien des dérapages de budget. Vous n'y trouverez pas des amitiés à la vie à la mort, mais d'agréables relations de quelques jours que vous quitterez le cœur léger.

* Choisir des séjours à thème – sport, musique, excursions culturelles – évite également de trop grandes disparités dans les centres d'intérêt et de se retrouver un soir à table avec des gens à qui l'on n'a vraiment rien à dire. Vous me direz : la croisière, c'est un truc de vieux ! Et alors ? tant mieux !

Un super plan pour des vacances gratuites : le home-sitting

* Certaines personnes craignent à juste titre de laisser leur domicile sans surveillance pendant une absence prolongée. Ils font donc appel à des home-sitters qui effectuent gratuitement le gardiennage. Il n'y a pas de travail à proprement parler sauf l'entretien classique que vous auriez assuré chez vous, ménage, jardin, ouverture des volets, relève du courrier, arrosage des plantes, signalement des incidents. En échange, accès libre à tous les équipements de la maison, tennis, piscine ou spa !

* Attention : on vous demandera fréquemment de garder l'animal de compagnie, autrement dit de faire du pet-sitting. Renseignez-vous : ce n'est pas tout a fait pareil de garder un canari ou un dogue allemand...

> Vous n'êtes pas tenu de rester dans la maison toute la journée. Vous pouvez donc visiter des monuments ou des expositions. Par contre, il est exigé d'y passer la soirée et d'y dormir.

* Les retraités sont très recherchés pour ce type de « mission » en raison de leur disponibilité, de leur mode de vie paisible et de leur expérience de la tenue d'une maison. Certains sites de home-sitting leur sont d'ailleurs exclusivement réservés. Les couples sont également privilégiés. Sachez toutefois que vous ne pourrez pas amener vos enfants ou vos petits-enfants.

* La démarche est simple : il suffit de s'inscrire sur un site dédié et de remplir une fiche de renseignements. Sur la plupart des sites, l'inscription est gratuite.

Quelques adresses :

→ www.plusbelleslesvacances.fr
ou www.gardiennage-vacances.fr
n'acceptent que des candidats retraités.

→ D'autres sites comme www.ilidor.com
ou www.homesitting.fr sont ouverts à tous
mais, là encore, les retraités sont très recherchés.

→ Il existe des sites payants comme le fameux www.trustedhousesitters.com (attention, entièrement en anglais) qui propose de magnifiques propriétés dans le monde entier. Les structures payantes demandent en général une cotisation et un forfait de mise en relation qui varie en fonction de la durée du gardiennage demandé.
Très bon marché, le site www.maisonbleucitron.com ne demande que 22 € de cotisation annuelle.

→ Vous pouvez faire appel à des sites Internet sans intermédiaire. www.seniorsavotreservice.com vous permet de trouver, outre le gardiennage de maisons ou d'animaux, toutes sortes de petits boulots qui peuvent constituer un complément de revenus très intéressant.

→ Tous ces sites vous seront utiles également si c'est vous qui souhaitez faire garder votre maison. Les tarifs de mise en relation comprennent une assurance responsabilité civile et assurent un remplacement en cas de défection de dernière minute et en général. Ces sites font une sélection soigneuse des candidats.

Un autre bon plan : le tourisme collaboratif

* L'économie collaborative est en plein développement et les sites qui proposent d'échanger les domiciles font florès. Il est évident que ces méthodes ne sont pas sans risques, et vous pouvez privilégier des interlocuteurs seniors qui présentent moins de danger de transformer votre adorable appartement en bar à chicha ou en dance-floor.

> Le site le plus connu dans le monde est certainement www.couchsurfing.org (traduction de « passer d'un canapé à l'autre » !). Même si la structure a pris un statut commercial en 2011, elle privilégie une démarche qui dépasse la simple offre d'hébergement pour proposer de mieux connaître le pays ou la région et ses habitants.

* Plus pointu, www.linkedage.com s'est spécialisé dans l'échange de logements médicalisés : douche à l'italienne, monte-escalier, portes permettant le passage d'un fauteuil. À retenir si vous ou votre compagnon/compagne voit sa mobilité réduite.

* Plus écolo, le wwoofing... cette démarche vient de l'acronyme WWOOF World Wide Opportunities on Organic Farms. Il s'agit de fermes d'agriculture biologique qui vous hébergent et dans lesquelles vous participez aux travaux des champs. Les expériences que vous y ferez ne sont quasiment plus du tourisme mais une démarche militante particulièrement enrichissante. Il existe des fermes bio wwoofing dans plus de soixante pays. Vous pouvez vous renseigner sur le site www.wwoofinternational.org.

Saluons
ensemble
cette nouvelle
année qui
vieillit notre
amitié sans
vieillir notre
cœur.

Victor Hugo

SE FAIRE DES AMIS ET LES GARDER

La transformation des notions d'entourage et de parenté a fait les beaux jours des plus éminents anthropologues et sociologues, qu'ils se nomment Françoise Héritier ou Claude Lévi-Strauss. Je me souviens des modes de vie de mes grands-parents. Pas d'amis au sens que nous lui accordons aujourd'hui, en revanche une parentèle nombreuse régie par des relations codifiées et hiérarchisées. Il y avait ceux à qui il était simplement indiqué d'envoyer ses vœux de bonne année et des condoléances lors du décès d'un proche. D'autres méritaient une visite ou une réception annuelle, un goûter au cours duquel étaient servies de façon spartiate une orangeade et quelques gaufrettes. Enfin, les privilégiés qui partageaient un repas relevaient d'une grande proximité de parenté. Par contre, les cohabitations parents-enfants étaient la règle. En effet, quand les agriculteurs prenaient leur retraite, ils étaient contraints de quitter leur logement et leur misérable pension ne permettait pas un habitat autonome. Jusqu'au début des années soixante, les relations familiales et amicales furent ainsi structurées autour d'un noyau dense et souvent étouffant, entouré d'un cercle lointain de relations épisodiques.

Aujourd'hui, dans la très grande majorité des cas, chaque ménage dispose de son logement et les revenus des sexa+ sont souvent plus élevés et toujours plus assurés que ceux de leurs descendants. Les proches sont définis alors par des affinités choisies, mélangeant des parents et des amis avec le même degré d'intimité. Nous pouvons ainsi constituer un réseau électif où les individus sont situés « à bonne distance » pour reprendre le concept de l'anthropologie structurale. C'est ce maillage qu'il s'agit de protéger et pourquoi pas d'amplifier.

Notre réseau amical s'est stratifié tout au long de notre vie : copains de lycée et d'université, collègues de travail, amis d'amis... La vie a été l'occasion d'éloignements, de décès, de fâcheries et nous pouvons parfois, sans presque nous en rendre compte, nous retrouver avec un entourage en plein dépérissement.

* Comme pour sa maison ou sa garde-robe, la soixantaine doit être aussi l'occasion de passer en revue les effectifs et de se demander si l'on a vraiment plaisir à voir les uns ou les autres. Que celles qui adorent jouer les bons samaritains ou celles qui aiment se faire martyriser par des copines les critiquant « pour leur bien » n'aillent pas plus loin ! Pour vous faire vraiment du bien, il est peut-être temps de rafraîchir les cadres. Explorons ensemble quelques bons – et mauvais – plans.

> → Pour ma part, je ne suis pas fan des fameux clubs du troisième âge qui sont pourtant les lieux de convivialité les plus prisés des seniors.
> Financés par les municipalités, ils sont souvent des machines de propagande électorale dont il convient de ne pas être dupes. Surtout, et par définition, on n'y voit... que des vieux ! Toutefois, il faut reconnaître

qu'ils offrent à prix très modique des activités variées et de qualité. Et si vous n'êtes pas convaincues par les abat-jour en macramé, la peinture sur soie ou la sortie au Puy du Fou, vous pourrez toujours « casser la baraque » de l'adjoint venu faire le joli cœur auprès des dames en pâmoison.

→ **De la même façon, j'ai renoncé à l'association des anciennes de mon lycée.** Dans une ambiance totalement déprimante, ces dames se regardent en chiens de faïence, égrènent leurs déboires conjugaux et leurs problèmes gynécologiques en détaillant les performances de leur progéniture. À quelques exceptions près, on ne peut que constater les ravages d'une vie par procuration marquée par le renoncement à tous ses rêves de jeune fille. Le seul bénéfice de ce genre de rencontre est de vous trouver sublime… par comparaison !

→ **Ne comptez pas trop non plus sur les voyages en groupe ou les clubs de vacances.**
De courte durée, ils sont parfaits pour une escapade en amoureux ou avec un petit groupe d'amis. Ils ne permettent en fait que des contacts superficiels. Les gens que vous trouverez sympathiques peuvent ne pas résider à proximité et l'engagement de se revoir tourne court très vite.

Les activités éducatives et culturelles

* Vous avez toujours rêvé d'apprendre une langue étrangère ou l'informatique ? C'est le moment ! Et vous en époustouflerez plus d'un quand vous emmènerez vos petits-enfants à Florence en parlant la langue de Dante ou que vous leur donnerez des astuces pour leur ordinateur. Pourquoi pas, aussi, rejoindre une association du type « les amis de » ? Il peut s'agir d'un musée, d'un château, d'un festival ou d'un opéra. Vous êtes avertis en avant-première des manifestations avec parfois des tarifs préférentiels et vous bénéficiez d'activités annexes : visites privées, conférences ou avant-premières. C'est l'occasion de faire des rencontres parmi des happy few réunis par l'amour de la culture.

> Un bel exemple : l'Université angevine du Temps libre www.uatl.eca.fr où, depuis 1975, les adhérents échangent leurs savoirs et multiplient les activités culturelles.

Valorisant et utile : l'engagement humanitaire

* Restos du cœur, soutien scolaire aux jeunes en difficulté, visites aux malades, les besoins sont immenses et très divers. Vous trouverez forcément un créneau qui correspond à vos compétences. Toutefois ces organismes insistent sur le fait qu'ils n'ont pas besoin de « touristes » venant de temps en temps quand ils n'ont rien de mieux à faire.

> L'engagement humanitaire est exigeant, et quand vous aurez pris celui de tenir une permanence, il faudra… vous y tenir. Comme le martèlent les Enfoirés : on compte sur vous !

Classiques et indétrônables : les activités ludiques et sportives

* Vous vous retrouvez d'abord en club pour pratiquer bridge, échecs ou scrabble, puis vous inviterez vos nouveaux amis chez vous pour un petit tournoi. Avantage de la formule : vous pouvez l'organiser en après-midi ou après le dîner et recevoir à moindres frais. Cela devrait normalement déclencher une série de petites réceptions sympathiques.

* Pour les activités sportives, les clubs de randonnée, de cyclotourisme ou de marche nordique sont épatants, bons pour la santé, et l'occasion idéale d'une convivialité transpirante de bon aloi.

> J'ai remarqué que bien des activités anodines pouvaient être l'opportunité sinon de nouvelles amitiés, du moins d'échanges sympathiques.
> Pourquoi ne pas prendre son café au bistrot du coin, faire ses courses au marché plutôt qu'en grande surface, ou tenir un bureau de vote?
> Tiens, justement…

Original et décoiffant : militer dans un parti politique

* Les pauvres sont en pleine déconfiture, certes, mais ce sera l'occasion de participer à leur nécessaire réhabilitation. Réunions, meetings, groupes de travail, animations de campagnes électorales, autant de moments forts et même excitants.

> Le compagnonnage politique est un vivier sans pareil pour se faire de solides amitiés. Toutefois, suivez mon conseil : ne vous laissez pas engluer dans des tâches subalternes : les militantes ne sont pas prédestinées au ménage de la permanence, au collage des timbres et à confectionner des tartines de rillettes.
> Visez les vraies activités de réflexion et d'action politique : vous pourrez prendre des responsabilités et, pourquoi pas, être élue.

* Eh oui, l'amitié ne viendra pas vers vous sans effort et sans une démarche proactive et réfléchie. Mais si vous savez les saisir, les occasions sont innombrables. Et, *in fine,* dites-vous que pour prévenir la maladie d'Alzheimer il faut ne pas fumer, faire de l'exercice physique, agiter ses neurones et... avoir des amis !

Nouveau savoir-vivre

Le monde bouge

5

COHABITATION

La cohabitation est un système politique dont les Français raffolent car il réalise « à l'insu de leur plein gré » l'union nationale idéalisée par beaucoup. Si la première cohabitation François Mitterrand-Jacques Chirac fut marquée par un climat de lutte ouverte et de coups fourrés de part et d'autre, celle entre Édouard Balladur et François Mitterrand fut beaucoup plus apaisée. Il faut dire que le président de la République avait alors perdu sa fourbe pugnacité légendaire. La troisième cohabitation entre Jacques Chirac et Lionel Jospin ne fut pas un long fleuve tranquille, mais les deux parties firent quelques efforts pour sauver les apparences. Pourtant, dans tous les cas, ces épisodes se soldèrent par l'étrillage du Premier ministre à l'élection présidentielle qui suivit, accréditant l'idée d'une « malédiction de Matignon ». Partager le pouvoir est impossible en politique et, de la même façon, vivre au long cours sous le même toit peut vite confiner à l'enfer domestique, d'autant que si les élections vous débarrassent d'un importun, il faut supporter parfois pendant des décennies les commensaux qui vous pourrissent la vie… Dans ces histoires, il y a toujours des bourreaux et des victimes, et aucun de ces rôles n'est réjouissant.

C'est le bonheur, du temps libre, des revenus parfois minces mais assurés... Les sexa+ voudraient savourer ces moments, mais il faut les partager. Ce partage peut relever d'un choix délibéré ou d'une solidarité plus ou moins contrainte, mais plus souvent du poids de conventions sociales ou d'habitudes dont nous pensons qu'il est impossible de s'extraire. Comme pour bien d'autres chapitres de notre nouvelle vie de plaisir et de liberté, regardons les choses d'un œil neuf.

Les compagnons

Les compagnons, époux, épouse et assimilés sont ceux dont les relations sont les plus conditionnés par les conventions. On dort dans le même lit, on mange, on sort, on regarde la télé ensemble.

* Si la vie dite « active » nous réservait des plages de liberté, le compagnonnage vingt-quatre heures sur vingt-quatre peut vite devenir un cauchemar réalisant la cynique description de Guy de Maupassant : « Le mariage, c'est un échange de mauvaise humeur le jour, de mauvaises odeurs la nuit. » On peut ajouter que les deux phénomènes s'amplifient avec l'âge !

* Lorsqu'il n'est pas le théâtre d'ébats amoureux, le lit conjugal devient, comme la voiture ou les repas, cette « zone de rapprochement » – et donc de conflits – décrite par le sociologue Jean-Claude Kaufmann dans son livre *Agacements. Les petites guerres du couples*. François de Singly, autre sociologue du couple et de la famille nous met en face de nos contradictions entre désir de fusion et défense de nos territoires personnels. Cette dernière exigence devient d'autant plus forte que l'entrée dans la vie en couple est tardive.

* Nous allons devoir négocier notre autonomie gentiment mais fermement si nous ne voulons pas rejouer le duo Jean Gabin-Simone Signoret dans *Le Chat*, ce fameux film où les deux protagonistes retraités vivent dans une atmosphère pesante, une cohabitation forcée qui se termine en drame.

> Pour nous les sexa+, l'idéal est vraiment d'avoir une chambre à soi. Ne craignez pas que cela remette en question la vie sensuelle, bien au contraire. L'échange de ronflements, de bruits de succion ou d'émissions de vents n'a jamais été d'un érotisme fou. C'est la seule solution pour garder un sommeil de qualité dans une période de notre vie où il tend à s'altérer.
> Le minimum est de dormir dans des lits jumeaux, surtout quand la différence de poids des protagonistes est très importante, mais cela ne supprimera pas les perturbations nocturnes de notre chéri(e).

* Pour ma part, et si c'est possible financièrement et socialement, je suis une militante déterminée du « chacun chez soi ». Cette formule, développée jadis par des stars ou des intellectuels, gagne du terrain, surtout chez les ménages qui se sont constitués tardivement.

* Si vous avez rencontré votre chéri(e) alors que tous deux aviez votre logement personnel, résistez aux délices et aux poisons de la cohabitation. Une fois passés les feux de la passion – trois ans maximum – vous savourerez de n'avoir pas de comptes à rendre, de ne se retrouver que pour les bons moments et de ne pas assumer l'intégralité des tâches ménagères.

* L'autonomie est à conquérir dans tous les secteurs de la vie intime et de la vie sociale. Pourquoi voir toujours les mêmes spectacles, rencontrer les mêmes gens, vivre les mêmes vacances ? La vie à deux retrouve ainsi de la saveur, nous avons des choses à nous raconter, nous existons par nous-mêmes et non pas seulement comme la « femme de ». Faites la liste de tout ce que vous ne faites plus parce que cela ne plaît pas à votre conjoint(e) ou qu'il/elle supporte en maugréant « pour vous faire plaisir » avec la mine éplorée des sacrifiés, et vous verrez qu'il est temps de se rebeller. La bonne formule pour régler tout cela est d'en parler tranquillement, pourquoi pas lors d'un petit dîner en amoureux, en dehors de tout épisode de conflit, d'énervement ou de lassitude.

* Pour ce qui concerne la vie sexuelle proprement dite, je vous laisserai mener les choses comme des grandes et me garderai de toute préconisation technique qui relève de votre parcours intime, de revues spécialisées et de médecins sexologues.

Petit conseil au passage

N'oubliez pas de dire à l'autre que vous l'aimez et que vous le (la) trouvez beau/belle et attirant(e), surprenez-le (la). Quand vous êtes ensemble, considérez que vous êtes en rendez-vous amoureux. Et enfin, riez et amusez-vous : il n'y a rien de plus sexy !

Les enfants

Les enfants sont parfois contraints par les aléas de la vie à revenir vivre avec nous. Chômage, divorce, maladie du conjoint, autant de difficultés qui sont une épreuve terrible pour les relations intrafamiliales.

* Deux risques majeurs : reconstituer une relation sur le mode de l'enfance : « tu es chez moi et donc tu n'as plus de libre arbitre », ce qui prive notre enfant de son statut d'adulte. C'est la meilleure façon de pérenniser chez lui un sentiment de dévalorisation et de perte d'autonomie. Ou se laisser martyriser en devenant le domestique de notre rejeton, à nous les tâches ménagères, le service des repas à n'importe quelle heure, la chambre à ranger, le linge sale par terre.

> Au delà d'un mois de cohabitation, le risque pour les deux parties de dérapage invivable est majeur, même dans des conditions confortables de logement.

* Là encore, préalablement et calmement, il convient d'établir une sorte de feuille de service qui fixe les règles et de ne pas attendre les premières frictions pour les présenter comme solution d'un conflit.

> La répartition des tâches ménagères – linge, courses, repas –, la participation aux frais, indispensable même si elle reste parfois symbolique, et le respect de votre intimité sont à détailler et à respecter.

* De la même façon, votre « grand » a le droit de ne pas calquer complètement sa vie sur la vôtre et c'est éminemment souhaitable.

* L'accueil d'un grand enfant de retour à notre foyer est une épreuve destructrice pour lui, pour le couple parental ou le parent devenu célibataire. Il est aussi facteur de jalousies dans la fratrie qui considère qu'un de ses membres est l'objet d'un traitement de faveur. Il faut donc l'aborder avec lucidité en parlant avec son partenaire des risques encourus, toujours lui préférer si c'est possible une aide pécuniaire et l'écourter rapidement.

Succession : transmettre son patrimoine

Préparer sa succession ne veut pas forcément dire être à l'article de la mort ! Mais permet de transmettre son patrimoine en protégeant son conjoint et ses enfants, de prévoir les conséquences de la disparition de son entreprise et de prendre des dispositions importantes (concessions funéraires, incinération, don d'organes, etc.). Et si vous faisiez une donation à vos petits-enfants au moment où ils en ont le plus besoin ? Pensez à prendre rendez-vous avec un notaire pour régler toutes ces questions : une succession préparée posera beaucoup moins de difficultés à ceux que vous aimez. N'est-ce pas ça le plus important ?

Les parents

Si les sexa+ sont considérés à juste titre par les économistes comme des privilégiés, ils sont aussi une génération sacrifiée. Au moment où nous pensions trouver ou retrouver notre liberté, nous devons assumer la précarité de nos enfants et la dépendance de nos parents.

Histoire pas vraiment drôle. Je discutais avec un couple ami des conditions de vie en maison de retraite. De façon péremptoire, mon ami Jean assena : « Vraiment, je ne comprends pas ces gens qui se débarrassent ainsi de leurs parents... pour notre part, avec Maryse, nous avons décidé que ma mère vivrait avec nous à la maison ! » Se tournant vers son épouse, il continua : « Et ça se passe très bien, n'est-ce pas, chérie ? » Maryse opinait mollement du chef. Nous retrouvant avec ma copine pour une virée shopping, je voulus en avoir le cœur net et la questionnai. Il ne fallut que quelques minutes pour que, dans un torrent de larmes, elle ne me décrive sa vie gâchée. Les changements de linge de corps et de lit rendus indispensables par l'incontinence de Mamie, les plateaux-repas jamais au goût d'une belle-mère acariâtre, les commentaires désagréables, les caprices incessants la déprimaient. Impossible de communiquer sur ce sujet avec son mari, la moindre récrimination étant vécue comme une attaque personnelle. Tout occupé par des activités associatives, il rentrait le soir pour trouver sa mère pomponnée, fleurant l'eau de Cologne et installée devant la télévision du salon familial. Plus que les corvées épuisantes qui étaient devenues sont lot quotidien, ce qui mettait Maryse à bout était d'entendre sa belle-mère claironner au téléphone : « Je suis chez mon fils ! » Nous montâmes alors un stratagème. Maryse devait subir une intervention chirurgicale qu'elle remettait de mois en mois pour rester au chevet de la vieille dame. Je lui enjoignis d'informer son mari que l'opération devenait urgente et qu'il aurait donc à s'occuper de sa maman pendant les quinze jours de son hospitalisation. Elle poursuivrait en lui indiquant qu'une convalescence d'un bon mois nécessiterait un séjour au calme dans un hôtel en bord de mer. Ce qui fut fait. Dès son retour, la question était réglée, la maison de retraite retenue et la belle-mère sur le départ. Tout rentra dans l'ordre...

Sur ce sujet, tant pis, je prends le risque de passer pour une affreuse. N'acceptez jamais, je dis bien jamais, la prise en charge chez vous d'une personne dépendante. Les sexa+ n'en ont ni la forme physique, ni la résilience psychologique. Si vous êtes en couple, ne comptez pas sur votre conjoint et dites vous bien que 90 % des tâches vous incomberont.
Mes responsabilités professionnelles et politiques m'ont appris une chose : au chevet des malades, des handicapés et des mourants, il y a quasi exclusivement des femmes. Donc, pas de culpabilité !

* Si l'état de dépendance permet le maintien à son domicile de l'ascendant, vous aurez néanmoins la lourde tâche de participer à l'équipe de coordination médico-sociale, de procéder à des inspections régulières de la bonne prise en charge de votre parent et de son logement et d'effectuer pour son compte toutes sortes de démarches. Ne restez pas seule dans cette épreuve, il existe des associations d'aidants qui sont des lieux d'échanges et de réconfort moral. Mettez-vous en quête de « structures de répit » qui accueilleront votre protégé(e) pendant vos vacances. Les maisons de retraite ont des lits d'accueil pour de courts séjours.

Il y a des familles
où l'on semble entretenir
soigneusement
des parents malades
pour refuser
les invitations à dîner.

Tristan Bernard

Les directives anticipées

Ne soyons pas superstitieuses, mais plutôt pragmatiques. Et tâchons de parler fin de vie en toute sérénité. Comme beaucoup, il nous importe de disparaître dans la dignité. En France, depuis 2005, la loi Leonetti permet aux patients de faire savoir aux médecins quels sont leurs souhaits, le moment venu. Attention, cette loi n'a rien à voir avec le suicide médicalement assisté qui est, jusqu'ici, interdit dans notre pays.

- Grâce aux directives anticipées, nous pouvons choisir, librement, de refuser l'acharnement thérapeutique. En clair, ces directives permettent, en cas de phase terminale, de limiter ou d'arrêter les traitements en cours, de refuser d'être réanimé ou d'être mis sous respiration artificielle, ou encore d'être soulagé de ses souffrances, même si cela doit conduire au décès.

- Les formalités sont simples : sur un document écrit à la main, daté et signé, on porte son nom, son lieu et sa date de naissance.
→ Ce document est à télécharger sur le site Internet du ministère de la Santé, www.social-sante.gouv.fr, ou sur celui de l'ADMD (Association pour le droit de mourir dans la dignité), www.admd.net.

- Si vous ne pouvez pas rédiger vous-même ce document, il faudra faire appel à deux témoins qui attesteront que ces directives expriment votre volonté libre et éclairée.

- Remises à votre médecin, les directives anticipées seront inscrites dans votre dossier médical. Attention, ce document doit être rédigé depuis moins de trois ans pour être valable. Il faut donc veiller à le renouveler.

* Quant au séjour en EHPAD (établissement d'hébergement pour personnes âgées dépendantes), il ne doit susciter aucune culpabilité. La prise en charge d'une personne atteinte de maladie neurodégénérative de type Alzheimer est hors de portée du cercle familial car elle exige une surveillance vingt-quatre heures sur vingt-quatre quand la maladie atteint un stade avéré.

> Évidemment, ce que j'ai indiqué pour un parent vaut aussi pour un conjoint, sauf si vous disposez de moyens financiers conséquents et de locaux adaptés…

Des colocataires

* La colocation est à la mode ! La cherté des loyers, la possibilité de mutualiser des équipements ou des services, la peur de la solitude, tout cela rend attractif ce nouveau mode de vie. Toutes sortes de sites (www.appartager.com, www.age-et-vivre.org, www.colocation-adulte.fr, www.capgeris.com) proposent de vous trouver des volontaires pour cette aventure.

* Inutile de préciser que ces démarches ne sont pas sans risque et exigent un sérieux cadrage financier et juridique ainsi que l'établissement d'un cahier des charges du « vivre ensemble ».

* Le mode de colocation le plus simple est celui qui réunit deux personnes. Au décès de votre conjoint par exemple, vous décidez de vivre avec une amie tant il est vrai qu'une ampoule éclaire de la même façon une ou deux personnes, qu'on partage sans problème un réfrigérateur et une voiture et que la femme de ménage passera le même temps à nettoyer les parties communes d'un appartement, qu'il soit occupé par un solo ou un duo.

Petit guide à l'usage des futurs coloc'

→ Attention, les affinités électives peuvent ne pas résister aux contraintes du vivre ensemble, il faut donc suivre quelques principes de base. Question de bon sens.

→ Vivre une période d'essai pourquoi pas dans une location de vacances, puis effectuer une cohabitation à durée déterminée, six mois par exemple, faire le point avant d'emmancher la démarche définitive.

→ Fixer minutieusement les questions financières et matérielles par un pacte, pourquoi pas signé devant un notaire.

→ Vivre ensemble mais indépendamment. Nul besoin de tout partager. Convenir par exemple qu'on peut recevoir des amis ou des parents sans que l'autre soit présent ou partir en vacances ou en week-end séparément. Avertir vos proches que vous n'êtes pas un couple et que les invitations restent nominatives.

* Un autre mode de colocation se développe : celui qui réunit plusieurs couples dans un phalanstère convivial. Des couples amis décident de vivre ensemble, imaginent même des constructions adaptées, avec des studios ou des bungalows entourant des parties communes. Des équipements tels que piscine, tennis, spa, salle de sport ou de home-cinéma sont mutualisés. Les préconisations qui valent pour la colocation simple sont de mise, mais j'ai remarqué que la période de préparation nécessaire au lancement de la structure était propice à mettre tous les problèmes en débat, en particulier la délicate procédure de sortie du système.

La critique la plus virulente que j'ai enregistrée sur ce mode de vie est venue un jour d'enfants d'un ménage qui vivait dans cette thébaïde collective. Ils se sentaient totalement exclus, d'autant que, lorsqu'ils venaient voir leurs parents, ils étaient hébergés dans une maison d'hôte où se succédaient les amis ou parents, selon un calendrier tenu à tour de rôle par un des colocataires... De plus, ils ne voyaient quasiment plus leurs parents que lors d'activités ou de repas pris en commun avec les membres de la communauté et cela leur était devenu insupportable. Un jour, ces jeunes à qui je demandais des nouvelles de leurs parents me dirent avec véhémence : « Papa et maman vivent dans une secte ! »

* Enfin, le système de la résidence-service est bien rodé et parfaitement fiable. Qu'elles se nomment Jardins d'Arcadie, Hespérides ou Sénioriales, ces structures offrent, avec des niveaux de standing différents, des appartements individualisés, sécurisés et l'accès à des services « à la carte ». Restauration, salon de coiffure, bibliothèque, animations, sorties, permanence infirmière ou garde de nuit permettent une vie autonome et agréable. Elles sont coûteuses mais ont l'avantage d'une cohabitation moins envahissante et d'un encadrement que seules des personnes très fortunées pourraient s'offrir en logement individuel.

La location étudiante

* Depuis fort longtemps, louer une chambre à un(e) étudiant(e) est un complément de revenu appréciable pour un sexa+, d'autant que cette location jouit de certaines dispositions fiscales. Les revenus sont exonérés d'impôts si, en Île-de-France, ils ne dépassent pas 184 €/m^2 par an. Si le loyer est supérieur, vous bénéficierez d'un abattement de 50 % à condition que vos revenus locatifs soient inférieurs à 32 100 € par an.

> **Mon conseil**
>
> Louez plutôt à un(e) étudiant(e) sur un bail de neuf mois qu'à un jeune actif professionnel, vous disposerez ainsi de la chambre pendant les vacances pour recevoir un de vos petits-enfants, par exemple.

* Certaines personnes sont tentées de mettre gracieusement à disposition une chambre en échange de services (courses, ménage, promenade de l'animal de compagnie). C'est une variante de cette économie collaborative dont tout le monde parle. Toutefois, les choses sont délicates à mettre en œuvre et à sécuriser. Il s'agit en fait de travail dissimulé qui en toute rigueur devrait relever d'un contrat de travail, de bulletins de salaire et de versement de charges sociales. Donc attention à ne pas se mettre en défaut...

> Partager son logement avec un(e) jeune est l'occasion d'un complément de revenus mais surtout l'opportunité d'échanges. Elle ou il sera heureux de boire un café de temps en temps ou de trouver chez une propriétaire bienveillante le cachet d'aspirine qui apaisera

> la céphalée taraudante de ses veilles studieuses ! Pour nous, un petit brin de causette sera parfois le rayon de soleil de la journée.

* Vivre ensemble mais vivre libre pour profiter de cette belle tranche de vie offerte aux sexa+ est un sacré défi. D'un mari temps plein à un locataire étudiant occasionnel, tous les formats ont leurs exigences. Dites-vous que personne ne vous saura gré d'une vie de sacrifice et que ceux-ci ne sont acceptables que s'ils sont proportionnés, occasionnels et jamais à sens unique.
Et comme le disait ma grand-mère : mieux vaut être seule que mal accompagnée !

NOS CHERS PETITS-ENFANTS

En écrivant ces lignes, je revois mes deux grands-mères, veuves jeunes toutes les deux, qui avaient renoncé quasiment à toute séduction et à toute vie sociale en dehors de leur famille. Leur absolue disponibilité nous permettait de passer toutes nos vacances scolaires chez l'une ou l'autre puisque mes parents travaillaient tous les deux. Dans une ambiance d'autorité qui confinait à l'autoritarisme, il n'était pas question de la moindre contestation. L'arrivée de la télévision fut un événement à effet très contrôlé : nous avions le droit de regarder « La Piste aux étoiles » et « La caméra explore le temps », ce qui signifie qu'en un mois de vacances nous avions le droit à quatre ou cinq heures de télévision, dont nous étions privés d'ailleurs à la plus petite incartade. Les cadeaux étaient rares et toujours utiles : un réveil ou une écharpe, et je ne me souviens pas qu'une seule fois mes grands-parents m'aient offert un jouet. Les choses étaient simples : eux savaient, et nous, nous étions là pour les écouter et pour apprendre. Ce qui est extraordinaire c'est que j'ai gardé un souvenir enchanté de ces vacances spartiates et studieuses. Elles n'étaient pas différentes du reste de celles de mes amies de classe, mais quand je parle de cela à mon petit-fils, il doit penser que je lui raconte des craques !

* Lorsque je repense à ma vie d'enfant, je suis sidérée par les incroyables mutations des relations familiales qui caractérisent ce demi-siècle. Elles sont influencées par l'augmentation de l'espérance de vie qui a marqué le XXe siècle et va continuer. En 1950, l'espérance de vie d'une femme était de 69,2 ans, aujourd'hui de 84,9 ans. Pour un homme, elle est passée de 63,4 ans à 78,5 ans. Avec un départ en retraite fixé à 65 ans, les sexagénaires étaient alors des « sexa-moins » qui n'avaient en moyenne que un à deux ans pour profiter de leurs maigres pensions. La pauvreté était alors massivement cantonnée chez les personnes âgées. Aujourd'hui, celle qui liquide sa retraite peut espérer en profiter en moyenne pendant... vingt-trois ans ! De plus, pendant le demi-siècle qui vient de s'écouler, la pauvreté a changé de camp et s'est concentrée chez les moins de 30 ans. Ce sont les retraités qui sont les nantis et les protégés alors que nos enfants et petits-enfants goûtent trop souvent au déclassement et à la précarité.

> Les progrès de la médecine, de la cosmétologie, de la qualité de l'habitat et de l'alimentation nous ont gardés en forme et ont protégé notre capital de séduction. Notre apparence et nos capacités physiques nous mettent sur le même plan que les générations suivantes en brouillant les barrières des âges. Les couguars ne suscitent plus l'étonnement.

* La maîtrise de la fécondité par la contraception et l'avortement ont changé le rapport parent-enfant : l'enfant n'est plus seulement accepté mais voulu et désiré. De mon temps, selon la formule consacrée, combien ai-je vu la vie gâchée de nombre de mes camarades par des grossesses indésirées, des mariages obligés, des études stoppées, des rêves brisés. Cette maîtrise de la fécondité a permis l'autonomie des femmes et changé égale-

ment le rapport homme-femme. Petit coup de cœur au passage pour Lucien Neuwirth, qui porta l'autorisation de la contraception, et pour Simone Veil, celle de l'IVG.

* Si tout cela fait de nous – les enfants du baby-boom – des privilégiées, pour autant, nous nous sentons mal à l'aise dans un monde où tout va trop vite, où les affections et les amours sont jetables, où nos enfants et petits-enfants s'installent au bout du monde, où les digicodes ont remplacé les clés, où il faut déclarer en ligne ses impôts ou le bulletin de paie de l'aide-ménagère.

Petits conseils en guise de manuel de survie

→ Les rapports hiérarchiques ont changé et les relations sont sur le mode égalitaire. Ce qui veut dire que vous ne devez pratiquer ni ingérence ni autorité dans la vie de vos descendants, mais qu'également vous avez le droit au respect de votre liberté. Vous ne devez en aucun cas être corvéable à merci. Garder votre petite-fille de temps en temps, pourquoi pas, mais chaque mercredi, certainement pas, sauf cas de détresse absolue.

→ Il faudra vous y faire : vous aurez un certain nombre de brus et de gendres « stagiaires ». Il est fini le temps où l'on épousait le premier garçon qu'on présentait à ses parents. Prenez un peu de détachement avec les amoureux et amoureuses de vos petits, cela vous évitera bien des chagrins. Une de mes amies a fait un véritable syndrome dépressif quand les fiançailles de son fils ont été rompues et continue de voir l'ex en cachette… ce qui n'est vraiment pas de bonne politique ni pour l'une ni pour l'autre.

Les petits-
enfants
mûrissent
les grands-
parents.

Henry de Montherlant

→ Soyez « réglo » avec vos enfants quand vous vous occupez de vos petits-enfants. Respectez leurs consignes et naviguez entre les deux pièges qui nous sont tendus : les gâter outrageusement en pensant conquérir leur amour, ou redresser une éducation que vous jugez trop laxiste. L'âge de l'adolescence est souvent celui des conflits avec les parents, là encore ne vous rangez pas « dans leur camp ». Par contre, ne transigez pas sur le respect de votre personne, de votre intérieur, de votre mode de vie. En un mot : pas de démagogie.

→ Soyez fair-play avec vos beaux-enfants, qu'ils soient les conjoints de vos enfants ou les enfants de votre compagnon. Ils vous aiment, c'est le bonheur et vous l'avez bien mérité. Je remarque d'ailleurs que la caricature de la belle-mère casse-pieds et intrusive est en passe de se démoder.

→ Ils vous détestent? Faites comme si vous ne vous rendiez compte de rien. Compliments, sourires et détachement. Et pratiquez l'adage : les choses n'existent pas tant qu'elles n'ont pas été dites. Plus vous aurez d'autres centres d'intérêt dans votre existence, moins ces aléas auront d'importance. Vous n'êtes plus à la période de cohabitation des familles recomposées où il fallait vider l'abcès de ce genre de conflits à ses risques et périls.

→ Si vous êtes confrontées à un scénario de rupture totale avec vos enfants et que l'on vous refuse de voir vos petits-enfants. Vous avez la possibilité de porter l'affaire en justice pour obtenir un droit de visite. Néanmoins, de l'avis général, la violence de la procédure judiciaire cause des dommages massifs aux parties. Même si le droit de visite est accordé, très vite il tourne court dans une atmosphère de pressions psychologiques insoutenables pour l'enfant.

* Ce qui est merveilleux, c'est que vos petits-enfants vont devenir vos professeurs ! La vitesse du monde vous fait tourner la tête ? Embarquez avec eux pour vous familiariser avec ces nouvelles technologies, vous verrez alors les liens se tisser, une familiarité tendre et protectrice créer un nouveau cadre donnant-donnant et vous pourrez alors, et seulement alors, faire partager vos savoirs sans passer pour une emm...

Comment vos petits-enfants doivent-ils vous appeler ?

* Voici, pour terminer, une question de fond ! Je ne suis pas fan de « mémère » ou de « mémé », tant ces deux termes ont une connotation dévalorisante. « Mamie » est le grand classique jamais démodé et « Granny » a son charme british légèrement snob. Toutes sortes de petits surnoms sont généralement inventés par les enfants eux-mêmes lorsqu'ils commencent à balbutier et ces néologismes font ensuite partie d'une douce saga familiale. Refusez néanmoins de devenir « Mamie » pour toute la famille, y compris vos enfants et parfois votre conjoint. Pour ma part, mon petit-fils m'appelle Lilyne, mon diminutif depuis l'enfance...

* Une vieille dame à qui je rendais visite m'a demandé de l'appeler par son prénom et, doucement, elle m'a dit : « Vous savez, personne ne m'a appelée Hélène depuis dix ans. C'est si bon de l'entendre à nouveau. » On est définitivement vieux quand plus personne ne vous nomme par votre prénom...

* À toutes les Marguerite ou Valentine, je lance : si vos petits-enfants vous appellent ainsi, laissez-les faire, ce sera un bain de jouvence.

Question de langage : trop ou pas assez ?

Que vous soyez avec vos amis ou vos petits-enfants, votre vocabulaire, plus que vos petites rides, peut en dire beaucoup sur votre âge… Certains mots sont à proscrire définitivement, ils sont « ringards ». Mais n'imaginez pas redevenir une jeune adolescente en prononçant des termes « branchés » : ça vieillit tout autant ! Voici des exemples de mots à bannir. Gardez-les bien en tête.

Les mots ringards :

→ Chandail
→ Paletot
→ Pochon
→ Cache-nez
→ Cache-col
→ Fichu
→ Corsage
→ Costume de bain
→ Blue jean
→ Complet-veston
→ FR3 et Antenne 2
→ Radio Luxembourg
→ Europe numéro 1
→ Surprise-party
→ Tourne-disque
→ Transistor
→ Cyclomoteur
→ Bachot

Les mots « too much » :

→ Kiffer
→ Grave
→ Chanmé
→ Ouf
→ Trop, utilisé à tout bout de champ pour « très », et pire, « trop pas » !

L'ART DE RECEVOIR CHEZ SOI

Les dîners donnés par mes parents étaient l'occasion d'un cérémonial immuable. Ma grand-mère – qui avait servi comme domestique dans une maison aristocratique – avait appris à ma mère tous les codes du dressage et du déroulé d'un dîner « prié ». Il fallait que ce fût parfait, la décoration florale, la nappe repassée au dernier moment, le service à la française avec entrée, poisson, viande, salade et plateau de fromages, entremets. La table rutilait, parée d'argenterie, de porcelaine de Limoges et du service Metternich de Val Saint-Lambert. Ce balthazar, au cours duquel au moins trois sortes de vins étaient proposées, succédait à un apéritif qui s'éternisait pendant une heure avec toasts et bouchées chaudes. Quand les convives quittaient la table vers minuit, ils n'étaient pas au bout de leurs peines. En effet, suivaient café, liqueurs et cigares. Pour signifier aux invités qu'il était temps de déguerpir, à plus d'une heure du matin, on passait un plateau de verres d'orangeade. Cette fiesta mobilisait la maisonnée sur plusieurs jours tant la logistique en était raffinée et compliquée. Chaque réception faisait l'objet d'un compte-rendu exhaustif et maman notait sur un cahier le menu, le plan de table et même les sujets de conversation abordés.

Nous, les sexa+, avons été élevées peu ou prou avec les codes d'une étiquette compliquée qui régissait un dîner de fête. Quand nous y dérogeons aujourd'hui, c'est avec un affreux sentiment de culpabilité qui nous conduit à nous excuser. Même lorsque nous recevons enfants et petits-enfants autour d'un déjeuner, nous tentons de retrouver les fastes d'antan qui ont fait de notre pays l'arbitre d'élégances encore en vigueur dans les dîners d'État à l'Élysée.

* Hé, oh, les filles, on a tout faux ! Il nous faut oublier ce que notre mère nous a appris puisque rien de ces raffinements ne correspond plus à la vie d'aujourd'hui. Pire, avec de telles embrouilles, on passe pour une emmerdeuse et une donneuse de leçons.

Première exigence : faire court

* Pour se concilier avec la vie professionnelle et familiale, une invitation à dîner doit tenir dans un format de trois heures/trois heures et demie maximum. On passe à table quinze minutes après l'arrivée du dernier invité. Le repas proprement dit ne saurait excéder une heure et demie et l'après-dîner une heure environ. En cinquante ans, la durée d'un dîner a été quasiment divisée par deux !

Deuxième exigence : faire léger

* Chacun fait attention à sa ligne, craint les contrôles d'alcoolémie, ou développe certaines phobies alimentaires. Il convient d'ailleurs de s'assurer de celles-ci pour éviter le spectacle d'un invité végétarien qui nous accuse quasiment de cannibalisme à la vue d'un filet de bœuf. Un verre de champagne et des jus de

fruit à l'apéritif, servis sans amuse-bouche, chips ou amandes. Entrée, plat principal (ou même seulement un plat unique) et un dessert maison de préférence. Tout cela sera arrosé d'un seul vin, et le vin rouge sera préféré. Le plateau de fromages a quasiment disparu et devient une survivance quelque peu rustique. Plus personne ne prend de digestif et le plateau d'orangeade qui signait l'heure du départ est remplacé par un plateau de verres d'eau plate et gazeuse. En cinquante ans, le nombre de calories d'un dîner prié a été divisé par trois !

Troisième exigence : faire simple

* Foin de l'argenterie, des cristaux et de la porcelaine qui nécessitaient plusieurs heures de nettoyage manuel, tant ils étaient fragiles et coûteux. Laissez tout cela dans vos placards et gardez-les pour un baptême, vos noces d'or… ou pour un dîner en tête à tête avec votre chéri(e) ! Prenez un coup de jeune avec des tables colorées, des assiettes aux formes et aux décors originaux qui peuvent aller au lave-vaisselle. Des marques de la grande distribution, Leclerc ou Carrefour, proposent des services de table époustouflants de style pour quelques euros. N'hésitez pas à mélanger vos couverts en argent avec des assiettes en plexi ou des serviettes en papier.

> Pour les mets, fuyons le gras et le tarabiscoté. Les recettes exotiques avec beaucoup de légumes et d'épices ont le vent en poupe et elles ont l'avantage d'être légères et de pouvoir être préparées à l'avance.

* En cinquante ans, le nombre d'objets posés sur la table a été divisé par quatre, de vins par trois, de mets par deux !

Un dîner où
il n'est question
ni de Dieu,
ni de politique,
ni d'amour,
est un dîner raté.

Fanny Ardant

Quatrième exigence : faire amusant

* Surtout ne respectez plus les règles qui voulaient que certains sujets soient évités à table. Fanny Ardant a lancé : « Un dîner où il n'est question ni de Dieu, ni de politique, ni d'amour, est un dîner raté. » Je dirai même un dîner où l'on s'emm... Il était de bon ton en effet qu'on ne parle ni de religion, ni de sexe, ni d'argent, ni finalement d'aucun sujet intéressant. L'atmosphère de ces agapes était pesante d'insignifiance et d'ennui.

> En cinquante ans, tous les sujets même les plus scabreux sont devenus non seulement acceptés mais souhaités. Dites-vous bien que vos invités ne viennent pas chez vous pour manger mais pour s'amuser !

* Observer un dîner familial ou amical aurait pu apparaître comme un sujet bien futile mais, à bien y regarder, la mutation des comportements qu'on y observe dit beaucoup de choses sur nos modes de vie. Les codes sont cassés et remodelés. Là encore, ne tentons pas de faire revivre le passé, ne pensons pas que « c'était mieux avant ». Le dîner d'apparat organisé par ma mère était mauvais pour la santé, ennuyeux au possible et lui imposait un travail disproportionné, avant, pendant et après.

* Il est plus que temps d'abandonner nos bonnes manières : notre bon plaisir deviendra alors celui de nos convives.

INVITER AU RESTAURANT

Mon premier restaurant... et mon premier dîner en tête à tête avec un homme : je m'en souviendrai toute ma vie ! J'avais 11 ans et Alexandre Sanguinetti, héros de Monte Cassino et ami de mon père, m'avait invitée à la Brasserie Lipp. Nous sommes entrés en majesté, salués par les garçons en long tablier blanc et, impassible, le mythique père Cazes a conduit à sa table ce duo improbable. Installée sur la banquette, je ne perdais rien du ballet des vanités qui se déroulait dans ce haut lieu des mondanités germanopratines. Alexandre me détaillait à mi-voix les identités des stars de la politique et du spectacle avec de courtes phrases biographiques ciselées au burin de la méchanceté. Mais une fois passée la commande et bu le Schweppes que mon hôte m'avait conseillé en apéritif – c'était le premier de ma vie – nous sommes passés aux choses sérieuses et avons discuté de la situation politique... Depuis ce jour, malgré les innombrables occasions professionnelles, amicales ou amoureuses qui m'ont amenée dans les meilleurs établissements de Paris et de province, je ne suis pas blasée et un dîner au restaurant restera ce moment magique où la saveur des mets et le raffinement des maîtres servent d'écrin à la conversation et aux mots d'esprit.

Pour celles d'entre nous qui se meuvent en solo, le repas au restaurant est souvent un impératif. Inviter en tête à tête chez soi une simple relation pourrait s'apparenter à un plan drague assez lourd. Si la compagnie est plus nombreuse, l'organisation nous cantonne en cuisine, nous excluant des festivités. Alors qu'en couple, au restaurant, l'homme reprend la main sur la maîtresse de maison et nous suivons le mouvement.

* Mettons à part les dîners de copines ou de camarades de promo où chacune pense *in petto* : « elles ont morflé, les Spice Girls », puis paie son écot sans rechigner.

> Si vous êtes invitée au restaurant, bien évidemment les manettes vous échappent et je vous laisse déployer les stratégies adéquates. Séductrice, amoureuse ou non, vous savez déjà qu'il est de bon goût d'éviter les mets piégeux comme la frisée aux lardons ou les apéros datés style Clacquesin chaud et Picon Bière. Il vaut mieux également ne pas en profiter pour faire « la totale », entrée, plat, fromage et dessert, au risque de passer pour une gloutonne dispendieuse. Votre interlocuteur risque alors de détecter l'origine des bourrelets que vous avez dissimulés sous une ravissante tunique.

* Mais plus le temps passe et plus, au restaurant, c'est à nous qu'on présente l'addition… dans tous les sens du terme ! Rappelez-vous le dialogue croqué par Anne Roumanoff : « On vous a appelée pour la Fête des mères ? – Mieux que ça, mes trois enfants sont venus me voir. – Moi, mes quatre enfants m'ont envoyé des fleurs, puis ils m'ont invitée au restaurant. – Ils vous invitent, mais c'est vous qui payez… – Ça va être ta fête, maman ! »

Première étape : le choix de l'établissement

* Après 60 ans, deux types de restaurant sont à fuir impérativement. Les grandes brasseries, avec leurs éclairages criminellement violents, qui accusent la moindre de nos rides, et les restaurants branchés où d'accortes serveuses avec des cuisses en béton et des seins en obus nous donnent un bon coup de vieux.

* Choisissez un établissement milieu de gamme. Même si vous avez certains moyens financiers, les établissements de luxe sont peuplés de vieux messieurs escortés de mannequins à peine pubères et roulées comme le bonheur. Le MacDo ne fera pas « djeun » mais décalé, sauf si vous y invitez votre petit-fils de 8 ans. Le bon créneau reste un restaurant à la personnalité affirmée, pourquoi pas africaine ou asiatique, pour échapper au côté provincial, certes délicieux, mais par trop convenu.

> **Mon astuce**
>
> Ayez en « portefeuille » deux ou trois adresses fétiches. Vous aurez ainsi repéré la meilleure table ou la bonne surprise de la carte des vins et pourrez guider votre invité dans le menu plutôt que de vous référer aux parfois coûteux conseils du maître d'hôtel. L'auteur de polars Harlan Coben avouait que sa mère était la pire cuisinière du monde mais qu'elle savait réserver au restaurant ! Alors...

Deuxième étape : qu'est-ce qu'on mange?

* Guidez la compagnie en indiquant votre choix simplement. Même si vous dites « vous prenez ce qui vous plaît », il sera difficile de ne pas coller aux suggestions de la puissance invitante.

* Au-delà de trois invités ou pour les repas familiaux, la bonne solution est de réserver un menu que vous aurez concocté et négocié avec le restaurateur (avec les vins). Vous échappez ainsi à la gêne des complexés et aux débordements des indélicats.

> **Mon truc**
>
> Prenez l'apéritif chez vous. Vous éviterez ainsi des consommations qui grèvent sérieusement la note…

Troisième étape : la douloureuse

* Il faut bien l'avouer, nous sommes encore empêtrées dans les vieux clichés et régler l'addition nous paraît comme une atteinte à notre féminité. D'autant qu'ayant réclamé cette addition, j'ai vu parfois le maître d'hôtel la présenter à l'homme que j'avais invité ! Pour parer à une telle situation, à la fin du dessert, éclipsez-vous discrètement et réglez loin des yeux indiscrets.

* Une fois de plus, en conviant à un repas au restaurant, une sexa+ en solo se trouve confrontée à des situations en rupture avec les us et coutumes de sa jeunesse. Ce qui ne pose — presque — plus de problèmes à la working girl de 40 ans nous gêne stupidement. Commander et payer au restaurant, c'est aussi une marque d'autonomie et de liberté ! (Bon, si votre chéri vous invite, remisez mon injonction féministe et laissez-vous gâter…)

MES RECETTES FAVORITES

J'ai gardé un souvenir magique des vacances dans la ferme de mes grands-parents. Tout était délicieux : le petit déjeuner, avec le lait mousseux qui venait d'être tiré, le beurre baratté et le pain cuit à la maison, la confiture mitonnée avec les fraises du jardin que j'allais cueillir toutes chaudes de soleil. Ah ! Le coq au vin cuit longuement sur la cuisinière à bois, le rôti de porc et ses pommes de terre aillées qui fondaient dans la bouche, les poêlées de girolles ramenées du bois des Boulas, la tourte aux poires qui embaumait dès l'aube toute la maison... Je pourrais sortir dans les plus grands restaurants du monde, personne ne me rendra l'incroyable saveur d'une cuisine faite intégralement « maison » avec des produits frais. Je ne me rendais pas compte, à l'époque, que cette cuisine simple et paysanne deviendrait un paradis perdu : celui de l'enfance qu'on ne peut retrouver à l'ère du surgelé, des pesticides et des lasagnes à la viande de cheval.

Comme je suis dans l'impossibilité de reproduire les recettes de ma grand-mère Marcelle Narquin, je vous propose trois de mes classiques faciles et inratables.

Les œufs en meurette de la tante Thibaudat

On raconte dans la famille que cette tante avait dansé avec l'empereur Napoléon III à la préfecture de Nevers. C'est peut-être une légende, mais sa recette des œufs en meurette, elle, est bien réelle.

Pour 6 personnes
6 gros œufs bio
1 bouteille de bon bourgogne
100 g de lardons assez finement coupés
Sel, poivre, ail, bouquet garni
Beurre et farine : une bonne cuillère à soupe de chaque
Quelques tranches de baguette

→ Sortir assez tôt le beurre du frigo pour qu'il puisse se mélanger facilement avec la farine.
→ Dans une casserole, faites chauffer doucement pendant 30 min le vin avec le bouquet garni et la gousse d'ail (on raconte que la tante Thibaudat ajoutait en douce une giclée de cognac). Salez, poivrez.
→ Pendant ce temps, faites revenir les lardons et réservez-les sur du papier absorbant.
→ Puis faites pocher les œufs 3 à 4 min – selon que vous les aimez plus ou moins coulants – dans le vin amené à douce ébullition.
→ Réservez les œufs que vous aurez ébarbés de leurs filaments, filtrez le vin puis remettez-le sur le feu pour le lier avec le beurre manié (beurre en pommade avec la farine). En toute fin, ajoutez les lardons.
→ Servez à l'assiette l'œuf recouvert de cette sauce divine et accompagné d'un croûton aillé et passé au beurre.

Les filets de sole en duxelles de ma mère

Pour 4 personnes
500 g de blanc de poireaux
500 g de champignons de Paris
500 g de carottes
8 filets de sole
1 échalote
20 cl de crème fraîche
10 cl d'un bon vin blanc pas trop parfumé
Beurre, sel, poivre
Chapelure

→ Faites étuver séparément les légumes coupés en dés (duxelles) dans un peu de beurre. Pour les carottes, émincez une échalote en mirepoix que vous aurez fait revenir au préalable. Salez, poivrez. Réunissez les légumes, ajoutez la crème fraîche et le vin blanc.

→ Dans un plat à four, roulez les filets de sole, mettez une toute petite noix de beurre au milieu. Salez, poivrez. Recouvrez avec les légumes. Parsemez de chapelure et faites gratiner.

Mes astuces

On peut préparer des légumes pour plusieurs fois.
Ça se congèle très bien.
La recette est prévue en plat principal. On peut la décliner en entrée avec un seul filet en divisant les quantités par deux.
La recette est plus économique et tout autant délicieuse avec des filets de merlan.

La vraie recette de la tarte des sœurs Tatin

Eh oui, c'est la vraie ! Ma mère, alors chirurgien-dentiste dans le Cher, soignait Huguette B. qui avait servi dans le restaurant des sœurs Tatin à Lamotte-Beuvron. La confection de ce succulent dessert se faisait avec de grandes précautions pour que le secret de fabrication n'en soit pas découvert. Néanmoins, la jeune Huguette avait pu percer le mystère et l'avait transmis à ma mère comme un trésor. Comme quoi, soigner les dents permet des rémunérations annexes qui ne sont pas sans intérêt !

Pour 6/8 personnes
Un rouleau de pâte brisée*
25 morceaux de sucre
100 g de beurre demi-sel
6 à 8 pommes golden

* ou si vous êtes courageuse, 250 g de farine, 125 g de beurre, une pincée de sel : vous malaxez bien la farine avec le sel et le beurre à la main ou avec le pétrisseur de votre robot. Si le mélange est un peu difficile à travailler, ajoutez un tout petit peu d'eau. Laissez la pâte reposer au moins une heure au réfrigérateur dans le saladier recouvert d'un linge humide. Puis abaissez la pâte au rouleau.

→ Dans la poêle, répartissez du sucre en pierre et des morceaux de beurre salé puis couvrez avec les pommes pelées, épépinées et coupées en tranches assez épaisses. Les tranches doivent rester entières ! Posez sur l'appareil le fond de pâte brisée (attention, la vapeur doit pouvoir s'échapper sur les bords).
→ À feu vif, surveillez la formation du caramel et soulevez la pâte pour permettre l'évacuation de la vapeur. Le caramel doit être assez foncé. Au bout de 15 min, la cuisson est quasiment terminée, y compris celle de la pâte.
→ Passez quelques minutes sous le gril du four pour faire durcir le fond de pâte.
→ Ne renversez pas immédiatement sur un plat, la tarte restera tiède plus longtemps, c'est comme cela qu'elle est la meilleure !

Mon astuce
Mener toute cette affaire à la poêle (à manche amovible), quasiment sans le secours du four…

* Cette recette vaut évidemment avec toutes sortes de fruits, l'ananas en particulier. Vous pouvez également faire de cette façon des tartes aux légumes, tomates ou endives, par exemple, sans mettre de sucre, évidemment.
* Si vous faites le menu « œufs en meurette, sole en duxelle puis tarte Tatin », je recommande de l'accompagner du même bourgogne que celui qui a servi pour les œufs, à consommer avec modération, bien sûr.
* Pour le lendemain, un bouillon de légumes suffira !

UN PARCOURS DE BELLES CHOSES

Chères amies, chers amis (car j'espère bien que les hommes de nos vies auront à cœur de mieux nous comprendre au travers de cette lecture), nous voilà au terme de cette conversation. Peut-être vous aurai-je choqués parfois en vous invitant à l'individualisme et même à l'égoïsme, en tous cas à l'hédonisme. Mais j'ai remarqué que les personnes qui jouissent de la vie nous entraînent dans une spirale du bonheur sans même le vouloir. A contrario, *ceux et celles qui se sacrifient pour les autres le leur font chèrement payer. Pensez du bien de vous et dites-le ! Les compliments que vous vous faites circulent, et un jour, personne ne se souvient que c'est vous qui les avez prononcés. De la même façon, dites du bien des autres, faites des compliments, la bienveillance est une éthique du comportement. Cela ne m'empêche pas d'envoyer quelques vacheries. Mon père disait d'ailleurs que je préférais perdre un ami que rater un bon mot...*

Goûtez aux incroyables avancées de la technologie et aux nouveaux modes de communication. Mais sachez aussi garder les douceurs et les élégances d'un monde qui disparaît : vouvoyer, correspondre sur un joli papier à lettres, organiser des déjeuners « de dames »...

N'hésitez pas à apprendre : une langue étrangère, des poèmes, des chansons. Réactivez vos connaissances oubliées, faites-en d'autres. Agissez de même pour vos relations, les commerçants, les restaurants que vous fréquentez. Au soir de chaque journée, nous devons avoir fait quelque chose de nouveau ! Un exemple : j'avais dit à une amie qui lisait religieusement *Le Figaro* que si elle voulait rester jeune, elle devrait jeter un coup d'œil à *L'Humanité*. Elle m'a raconté que son kiosquier avait failli appeler le SAMU, et maintenant, elle vote Mélenchon... Les bons conseils ont donc leurs limites.

Soyez une star : la tête haute, le dos droit, impeccable, avancez dans la vie comme si vous montiez les marches du Festival de Cannes ! Vous verrez, pour changer le regard des autres, l'estime de soi est la meilleure démarche.

Je vous ai invités à tenir la liste de vos envies, mais vous avez peut-être, en me lisant, eu envie de me faire part, de nous faire part, de vos expériences, de vos conseils, de vos trucs, de vos ratages qui sont aussi formateurs que nos réussites. J'ai donc imaginé que nous pourrions continuer cet échange amical et collaboratif sur tous nos bons plans.

Pour cela, nous pourrons nous retrouver, dans un esprit de douceur dans ce monde de brutes, sur ma page Facebook Bien dans mon âge www.facebook.com/biendansmonage.

Nos hommes, nos femmes, nos enfants et petits-enfants y seront également les bienvenus pour nous engueuler parfois, pour nous encourager toujours.

Dites-vous bien qu'à 60 ans, nous sommes à l'âge de l'espérance de vie qu'avaient à leur naissance Anne de Bretagne, Wolfgang Amadeus Mozart ou Arthur Rimbaud. Friedrich Nietzsche nous invitait d'ailleurs à faire du monde notre terrain de jeu et de notre vie une œuvre d'art. Il ne tient qu'à nous de faire de notre existence un parcours de belles choses.

Lorsque je suis allé à l'école, ils m'ont demandé
ce que je voulais être quand je serai grand.
J'ai répondu « heureux ».
Ils m'ont dit que je n'avais pas compris la question.
J'ai répondu qu'ils n'avaient pas compris la vie.
John Lennon

Table des matières

Remerciements

Merci à Thierry Billard, mon éditeur, qui m'a fait une nouvelle fois confiance. Il y a quelque mérite car je l'ai entraîné, en trois ans, d'une biographie de Giuseppe Verdi à un livre dédié aux femmes, en passant par mes mémoires politiques... Thierry a ainsi montré un goût du risque qui convient parfaitement à mon parcours!

Ce livre, par l'entremise discrète de Guillaume Robert, a nécessité les savoir-faire de nombreux intervenants. Olivia Karam a été le chef d'orchestre inspiré de cette équipe. Elle y a fait preuve d'une diplomatie souriante mais ferme et d'un professionnalisme sans faille. Laurence Caracalla a rédigé les textes additionnels qui ont donné de la densité et de la technicité à l'ouvrage. Elle a également fouiné pour trouver toutes sortes de bons plans.

À ce propos, je tiens à signaler que je n'effectue aucun remerciement à quelque fournisseur que ce soit. Ce livre est dépourvu de tout parrainage commercial, les vêtements qui y sont photographiés sont les miens et les références indiquées relèvent de mon propre carnet d'adresses.

Noémie Levain, graphiste, et Guillaume Reynard, illustrateur, ont réalisé une mise en page pleine d'humour et de légèreté qui donne à cet ouvrage une tonalité que je voulais dépourvue de tout pédantisme. Mission accomplie.

La team stylisme a été emmenée par Fabrice Léonard, journaliste spécialisé et reconnu pour ses incomparables pages mode, qui a su magnifier et respecter ma personnalité. Il a été épaulé par le photographe Félicien Delorme et la coiffeuse-maquilleuse Daly Midrede. Tous les deux sont des magiciens qui vous font croire quelques instants que vous pourriez être Miss France.

Mes après-midi de shooting avec Olivia, Fabrice, Noémie, Félicien et Daly ont été de délicieux moments de fous rires et d'amitié. Décidément, merci à toute l'équipe de Flammarion d'être ce qu'elle est!

Achevé d'imprimer en août 2016 par Gorenjski-tisk storitve en Slovénie.